当代欧洲社会民主党的组织变革

葛丽 著

山东大学出版社

图书在版编目(CIP)数据

当代欧洲社会民主党的组织变革/葛丽著.—济南:山东大学出版社,2016.10

ISBN 978-7-5607-5647-9

Ⅰ.①当… Ⅱ.①葛… Ⅲ.①社会民主主义－政党－党的组织－变革－研究－欧洲－现代 Ⅳ.①D750.64

中国版本图书馆CIP数据核字(2016)第264822号

责任策划:陈　珊
责任编辑:陈　珊
封面设计:张　荔

出版发行:山东大学出版社
社　址　山东省济南市山大南路20号
邮　编　250100
电　话　市场部(0531)88364466
经　销:山东省新华书店
印　刷:济南华林彩印有限公司
规　格:700毫米×1000毫米　1/16
10.25印张　152千字
版　次:2016年10月第1版
印　次:2016年10月第1次印刷
定　价:26.00元

目　录

导　言

政党是当今世界政治舞台上的主角，政党的活动也是其自身不断调整以适应环境的结果。政党发展史表明，政党能否适应环境的变迁是其能否赢得执政地位、实现治理目标的关键所在。20世纪末全球化、信息化的迅速发展使政党生存环境发生了巨大变迁。在这种变化了的社会形势下，组建什么样的政党组织才能使其发挥出最优的效能？党是否还需要建立复杂的组织和区域性的组织网络？是否还要依靠党的积极分子的活动来保证党的正常运作？这些就成为党急需探究的问题。

欧洲社会民主党是世界社会主义运动中的一支重要力量，有着独特的执政经历和辉煌的执政成就，提出了很多非常有意义的理论观点，如瑞典的“人民之家”理论、英国的“第三条道路”理论、德国的“莱茵模式”等，这些理论都对欧洲乃至世界政党产生了深远的影响。自“二战”至今的半个多世纪中，欧洲各国社会民主党虽时有起伏，但始终是欧洲政治生活中不可缺少的一部分，也是欧洲重要的左翼执政力量和世界政党的重要组成部分。但在“冷战”结束后，这一力量遭到了重创，在欧洲各国纷纷下台，进入了“蛰伏期”。为了赢得更多选民的支持，改变这种长期在野的被动局面，社会民主党对党的组织进行了大刀阔斧的改革，并取得了显著成效。变革后的社会民主党迅速实现了自身的“回归”，在欧洲很多国家重新上台执政。当然，社会民主党实现此次“回归”有着多方面的原因，其中，党对其自身组织的变革和创新功不可没。

在全球政治经济趋向一体化的今天，世界各国政党都面临着全球化、信息化带来的共同机遇和挑战。研究具体类型政党组织变革的经验教训就更有现实意义。本书对欧洲社会民主党的组织变革进行综合分析，对其相关内容进行系统梳理，以明晰社会民主党组织变革的具体内容并分析变革的原因，概括总结欧洲主要社会民主党组织变革的共性及其得失，评估社会民主党组织变革的成效。这些内容无论对于政党组织建设的一般性研究，还是对于包括中国共产党在内的其他政党的组织建设研究，都具有十分重要的借鉴意义。

近些年来，国内外学者们对欧洲社会民主党进行了大量研究，为本书做了奠基性工作。本书在此基础上所做的研究特色如下：

（一）将社会学、组织学、政治学、制度主义等理论结合在一起，综合分析研究欧洲社会民主党组织变革的相关内容，概括总结各理论对政党组织变革分析的共性，强调政党组织的变革是政党对环境的一种适应性回应。

（二）用结构功能主义分析方法分析欧洲社会民主党组织变革的相关内容，强调欧洲社会民主党在“冷战”后的内部结构影响了其功能的发挥。为了适应生存环境的变化，使党的功能能够更好地发挥出来，社会民主党对其组织结构进行了变革。

（三）将组织目标和组织职能理论结合在一起评估社会民主党组织变革的成效，从积极和消极两个方面具体分析变革后的社会民主党的基本状况，认为党的组织变革应朝更快地实现党的目标和更好地发挥党的职能两个方向努力。

第一章　当代欧洲社会民主党组织变革的理论基础

第一节　基本概念

一、欧洲社会民主党

19 世纪第一国际和第二国际时期建立的工人阶级政党被统称为“社会民主党”。社会民主党是以意识形态为基础的纲领组织型政党，具有明确的社会目标和鲜明的阶级利益；党内有左、右派之分，左派坚持革命路线，右派坚持改良路线。第一次世界大战爆发后，左、右派之间产生了极大的意见分歧，以列宁为首的左派主张退出社会民主党，另建共产党。

欧洲社会民主党是指欧洲信奉社会民主主义或民主社会主义的政党，包括社会民主党、工党、社会党等，是欧洲中、左政治力量的主要代表。“一战”后，西欧一些国家的社会民主党开始走上执政舞台；“二战”后，社会民主政党迎来了执政的“黄金期”，多数欧洲国家的社会民主党都先后执政。但 20 世纪 70 年代后，多数国家的社会民主党遇到危机，在大选中纷纷失利。“冷战”后，这种危机进一步加剧。

在欧洲社会民主党中，西欧的英国工党、法国社会党，北欧的瑞典社会民主党，中欧的德国社会民主党等是传统社会民主党的典型代表。“冷战”后，以波兰社会民主党和意大利左翼民主党为代表的新兴社会民主党迅速发展，成为其国内政坛重要的执政力量。其中，英国工党是欧洲社会民主党组织变革的“领头羊”，它所提出的“第三条道路”理论在欧洲乃至整个世界政坛掀起了新一轮的理论探讨高潮；德国社会民主党是欧洲所有社会民主党中历史最为悠久、实力最强且影响力最大的传统政党，该党的兴衰成败在一定程度上能够反映欧洲政坛左、右翼力量对比的整体趋势，同时，德国社会民主党也是欧洲社会民主党组织变革的典型代表；在东欧剧变、很多国家的社会民主党纷纷败北之际，法国社会党仍然坚守着欧洲政坛民主社会主义的最后一块阵地，并一直坚持到 1993 年；瑞典社会民主党是欧洲政坛的“常青树”，是社会民主党中连续执政时间最长的党，被称为“欧洲社会民主党最顽强的堡垒”，也是世界上除共产党之外少见的能够得以长期执政的政党之一，但这样一个具有牢固执政根基的党在 20 世纪 90 年代以来面临着时代的诸多挑战，也难逃下台的厄运，虽然其组织变革的力度较英国工党和德国社会民主党来说要小得多，但其组织变革中的很多细微之处也具有十分重要的学习意义；而作为新兴的社会民主党的代表，意大利左翼民主党和波兰社会民主党等在短期内迅速发展的原因也非常值得探究。通过对这些典型政党组织变革的系统分析，探寻其中具有一般性和规律性的东西，有助于我们进一步探索世界政党组织的变革规律。

二、政党组织

(一)组织和政党组织

组织是按照一定的宗旨和系统建立起来的集体，它往往是为了达到一定的目的或完成特定的任务而建立的。一个集体能被称为一个“组织”，必须具备五个基本条件：一是要有一个完备的理论纲领；二是要有一个相对稳定的领袖或领袖集团；三是要有由各级骨干组成的层级节制的组织体系；四是要有一个上通下达的信息传输渠道；五是要有相对稳定的组织成员。[①]

政党组织是政党存在的前提和条件,是政党物化了的“载体”,是政党行为表现的“硬件”条件,也是区别于其他社会组织的重要特征。[②] 而作为一个政党组织,和其他一般的组织相比较,还需具备三个条件:其一,有代表一定阶级、阶层的政治纲领和政治实践,并以此作为政党确立自身组织边界的政治基础;其二,有一定的组织成员、组织章程和组织机构;其三,有一批具有权威的领袖人物,以此构成政党的最高核心集团,即政党组织总体上要比一般组织的政治目标更为明确,组织纪律更加严明,组织结构更为严密。[③]

我们要具体分析政党组织的基本情况,一般需要考察政党的组织类型、组织基础、组织机构、组织运行、组织原则、组织纪律、组织目标等。

(二)欧洲社会民主党的传统组织

1. 组织类型

组织类型反映了政党的一般特征。欧美主流政党的组织类型基本上均经历了从精英型政党到大众型政党再到全方位党或卡特尔党的发展过程,欧洲社会民主党亦是如此。但政党在当代是多样化的,各国社会民主党的组织类型也不是整齐划一的,有的政党仍然保留着精英党和大众党的主要特征,有的政党则全方位党的特征更为明显一些。

2. 组织基础

欧洲社会民主党是传统的工人阶级政党。工人阶级构成党传统的阶级基础,工人是党的主要支持者,工会力量在社会民主党增强组织力量、赢得执政地位的过程中发挥着重要作用。

3. 组织机构

社会民主党是除共产党外组织机构设置较为复杂的政党。党设立了

---

① 参见周淑真:《政党和政党制度比较研究》,人民出版社 2001 年版,第 44 页。

② 参见郭亚丁:《政党差异性研究——中国共产党与西方政党比较》,中国经济出版社 2005 年版,第 85 页。

③ 参见罗思东:《中西政党的组织特性比较》,载《理论与改革》1999 年第 6 期。

复杂的组织机构网络，一般包括体制外组织机构和体制内组织机构两大部分。体制外组织机构是指政党自身所具有的、在政权之外运作的组织机构，一般由中央、地方和基层三级组成；体制内组织机构是政党上台执政后，为了适应政权体制的需要而建立的组织机构，主要包括议会党团和中央政府、司法机构、文官组织和地方政府内的政党机构。这种层级组织网络效率低下，限制了社会民主党组织职能的发挥。

4. 组织运行

欧洲各国社会民主党虽然因组织结构的严密程度不同从而在具体的组织运作上存在着差异，但从总体上看，社会民主党是组织运行较为规范的成员党，广大党员和党的干部在组织运行中发挥着重要作用：党的选举依赖党员们的大力宣传，党的方针政策的传达和实施也要依靠党员们的积极行动等。

5. 组织原则

欧洲社会是民主制度发展较为发达的社会，社会民主党在组织决策中也更为强调决策的民主化程度，其基本组织原则是民主，认为没有民主就没有社会主义："社会主义只有通过民主才能完成，而民主亦只有通过社会主义才能充分实现。"[①]在此基础上，社会民主党强调充分的思想自由，允许不同派别的存在。

6. 组织纪律

欧洲社会民主党是组织纪律相对较为严格的政党，在党章中对于党的领导者和广大党员们都有明确的纪律规定，要求党员们尤其是党的领导者须在规定的范围内行动，对于违纪的党员也规定了具体的处罚措施。

7. 组织目标

欧洲社会民主党是注重意识形态的传统政党，其组织目标是要用公正的社会主义代替不公正的资本主义，要用非革命的手段改造资本主义，建立一个民主、自由、平等、互助的社会。

---

① 《各国社会党重要文件汇编》，世界知识出版社1959年版，第5页。

三、政党变革、政党发展与政党转型

(一)政党变革

“变革”是一个暂时的、阶段性的概念，是事物在发展过程中的阶段性调整。政党变革是政党为了实现其阶段性目标而进行的暂时性调整。20世纪初，美国学者古德诺提出了“政党变革”的概念；50年代以后，政党变革成为政治学研究中的一个常青题目。[①] 政党生态环境的变化、领导人的调整、大选的失败、社会阶层的变化都有可能引起政党的变革。

(二)政党发展

“发展”是一个渐进的、缓慢的概念，是基于事物本质基础上的渐进变迁。政党发展是政党组织结构的内在规律性变迁，反映了政党建设的方向，是发达国家用来描述转型国家政党制度化水平提高以及推进民主进程的概念。[②]

(三)政党转型

转型是一种更深入、更全面的变革。政党转型是政党在形态、结构、性质、特性、背景等各个方面的全方位的深刻变化。

本书选择“变革”这一概念，是指当代欧洲社会民主党的变化既不同于党的渐进的内在规律变迁，也与政党全方位的深刻变化有异，只是社会民主党在发展过程中为适应环境的变化所做出的一种阶段性调整。即社会民主党进行的是一场变革，是改变党的旧形象、建立新形象的过程，是要将社会民主党变为一个能对社会发展和时代变迁做出快速反应和积极应对的党，一个党内外沟通畅通无阻的党，一个将现代化的通讯手段自如应用于媒体的党，一个积极上进、拥有无限活力的党。其目的是要树立社会民主党负责、廉洁和充满活力的政治形象，赢回或巩固党的执政地位。因此，这既不是渐进的政党发展，也不是更深层次的全面的政党转型，而

---

① 参见王长江：《现代政党执政规律研究》，上海人民出版社2002年版，第340页。

② 参见祝灵君：《政党发展与组织变迁》，载《马克思主义与现实》2007年第4期。

是阶段性的政党变革。

全球化、信息化的时代大背景使各国政党面临着前所未有的机遇和挑战。为了赢得执政地位或巩固执政根基，各国政党都在不断变革，以适应变化了的政党生存环境。在整个当代世界政党政治的变革中，“党的改革”或“党的现代化”口号喊得最响、心情最迫切、行动最积极的是西欧国家的社会党。[①] 社会民主党人在政治上的一个特点是，为了执政利益，他们并不吝惜传统。在政治竞争的压力下，改革的力量已经在欧洲各国社会民主党中占据主导地位。[②] 尤其是第二次世界大战之后，社会民主党始终处于低潮期，“冷战”的结束又加剧了这一颓势，欧洲社会民主党在欧洲政坛全线溃退，为了获取执政地位，其变革势在必行。

第二节　政党组织变革的一般性理论分析

对于政党组织的变革，国内外学者们从理论上进行了系统的分析，分别从不同的角度来加以阐释：

一、社会分野理论——政党组织变革的社会学分析

社会分野理论是从社会学角度来解释政党组织变革的学术理论。它主要从社会因素，尤其从社会分野和社会冲突的视角来分析政党组织变革的动因：

（一）不同政党是在阶级分化和社会分层构成的社会分野基础上产生发展起来的

社会分野理论认为，工业社会中由于产业结构和就业结构的分化造成了阶级之间的差别，产生了社会上的不同阶层，形成了基本的社会分野。同时还有一些前工业社会残留下来的传统的因素构成的阶级或组织

① 参见王长江：《政党现代化论》，江苏人民出版社 2004 年版，第 90 页。

② 参见林德山：《欧洲社会民主党转型中的趋势与问题》，载《欧洲研究》2003 年第 6 期。

与之并存，如种族、语言、宗教和城乡方面的结构分野也是造成社会分裂和冲突的因素。基于这些社会分野及建立在这些分野基础上的冲突和斗争，代表着不同阶级的利益和观念并担负着组织本阶级力量进行政治斗争的政党产生并维持下来，并在其漫长的历史发展过程中逐渐形成了自己相对稳定的阶级支持。由于工业化进程所造成的各国社会分野状况的相似性，因而不仅在一国国内产生了不同阶级属性的政党，而且在世界各国都产生了相似的政党类型，构成了各国之间相类似的政党家族。①

（二）社会分野的变化引起的阶级认同的变化促使政党不断变革

社会分野不是一成不变的。随着经济和社会的发展，社会结构不断发生变化，社会分野也会不断出现新的维度，因而选民的阶级构成状况、阶级认同和归属感都会发生变化②，即各政党的阶级认同会随着社会分野的变化而发生变迁。对于一个政党而言，尤其是对于以上台执政为政治目标的政党而言，不能与时俱进、进而赢得相对多数的阶级认同是十分危险的。即党的组织应当随着社会分野的变化发生改变，以吸引更多选民的支持，建立稳固的执政根基。

在相当长的一段时期中，欧洲社会工业无产阶级和资产阶级处于绝对对立地位，构成了社会分野的基本内容，两大阶级也有着明确的阶级认同。但“冷战”后在全球化、信息化的国际大背景下，欧洲各国社会分工进一步碎分化，阶级、阶层结构也随之复杂化和多样化，工人阶级人数大量减少，固定的阶级认同逐渐消失，社会民主党面临着越来越严重的阶级认同危机。为赢得更多选民的支持，适应变化了的社会分野状况，党必须对其组织进行变革，以形成新的社会认同。

二、环境主义理论——政党组织变革的组织学分析

环境主义理论是从组织学角度分析政党组织变革的理论。该理论认

① 参见李路曲：《当代东亚政党政治的发展》，学林出版社 2005 年版，第 58 页。

② 参见李路曲：《当代东亚政党政治的发展》，学林出版社 2005 年版，第 59 页。

为，政党组织的变革首先是在环境这一外力的推动下进行的，党的变革主要根源于外部环境的影响。变革是政党为适应变化了的环境而进行的，即政党组织变革的主要动因来自党所生存的外部环境。如卡茨和梅尔认为：导致政党组织发生嬗变的原因可以分为直接原因和根本原因两大类，政党内部的政治斗争属于直接原因，而政党所处环境的变化才是根本的原因。理由有二：一是政党无法控制或操纵其所在环境的变化，因而政党不得不调整自身以适应环境的变化，否则政党组织本身难以生存；二是政党领袖面对环境的变化，只可能有三种作为，或者改变党的组织，或者改变党的意识形态和立场，或者他们被另一些更愿意变革的领袖所取代。① 一般情况下，政党是不会主动退出历史舞台的，因此，适应变化了的环境，主动寻求党的组织发展的新路径就成为领袖们的必然选择。

不同的历史条件和时代环境赋予了各政党不同的生存和发展环境，在不同的环境下诞生的政党又与各国的政治制度、经济水平、社会历史文化传统相适应而逐渐发展起来。由于政党无法控制环境的各种变化，为了在挑战中求得生存，只得通过调整自身来适应环境，即政党会通过改变党的组织，拓宽党的意识形态范畴来适应社会环境的变化。总之，环境主义理论认为，政党组织变革的起因虽然与各政党的意识形态和政治目标密切相关，但是从根本上讲，是因为时代的发展和变迁使政党的生存条件和生存环境均发生了变化。

（一）组织对其所处的社会环境存在着依赖关系

世界上任何生物都不是孤立的，都是与其生活环境相适应的。个体之间有互助也有竞争，当个体发展不能适应社会发展的要求时，个体会逐渐消亡。组织作为个体的联合亦是如此，政党作为大型组织更是这样。任何政党的发展都离不开它所存在的特殊政治环境，即政党的存在和发展与各国在经济制度基础上生成的政治制度、国家体制、各种组织、公共政策制定等因素密切相关。当政党生存的环境发生变化，政党也需随之

① 参见李路曲：《当代东亚政党政治的发展》，学林出版社 2005 年版，第 60 页。

改变才能生存。

（二）组织与环境的内在关系是衡量组织效率的标准

一个组织能否有效地发挥其作用，除了与组织内部的结构设置密切相关之外，能否有效地处理好与组织外部的关系也至关重要。政党作为大型的社会组织，其组织效率的有效发挥更是与其处理对外事务的能力密切相关。如果它不能很好地应对来自外界的各种挑战，党组织的效率就不能充分发挥出来，没有效率的党在竞争激烈的欧洲政坛将举步维艰。

"冷战"结束之后，欧洲各国社会民主党均面临着党的政治、经济、文化等各种生存环境的巨大变迁，如果党不能及时应对，其组织效率就很难发挥出来，在与其他政党的竞争中也必然会处于劣势。

三、制度变迁理论——政党组织变革的制度主义分析

在制度主义视角下，政党本身就是一个自主的政治制度，是国家制度的有机组成部分，其组织和活动方式受到各种政治制度的制约，会随着其赖以生存的政治制度的变迁而发生不同程度的嬗变。即制度主义强调制度的重要性，认为政治斗争或竞争的方式受到对其发生和运作有着密切关联的制度环境的影响和制约。反之，由此产生的政治规则的变化也会影响整个制度环境，因而也必然影响着政党组织的变化及其运作方式。20 世纪 90 年代，学者们尝试运用制度主义来分析政治转型现象，其主要观点如下：

（一）制度变迁的动力在于作为制度变迁的主体——"经济人"的"成本—收益"计算，主体只要能从变迁预期中获益或能避免损失，就会去尝试变革制度。

（二）制度的变迁来自于平衡被干扰或破坏，这种变化总是与环境有关，制度变化依赖于环境变化。

（三）制度的变迁还往往来自于制度本身的失败，即现存制度不能满

足人们对它的需求,“制度需求大于制度供给”[①]。

因制度变迁过程中会受到各种因素的影响,因此也会出现各种不同的演进路径。制度变迁的路径选择大致可分为三类:路径依赖、路径替代和路径偶然。

第一,路径依赖。制度在创立和实施过程中必然会产生收益递增效应,形成制度的自我强化机制,因此制度一旦进入正轨就必然会按照既定的方向在发展中不断强化。即人们过去作出的选择决定了现在可能选择的路径依赖现象[②],现在既有的制度安排也会制约有关各方进一步的制度选择。

第二,路径替代。通过政府等权威力量改变制度的路径依赖性质,建立全新的制度安排。

第三,路径偶然。一般出现在发生如“东欧剧变”等特殊事件时的“特殊政治时期”。即在特定的历史时期,旧的制度突然瓦解,原来制度变迁的路径突然中断,从而不得不重新选择新的路径。[③]

20 世纪以“主义”的勃兴为序幕,尤其是资本主义和社会主义两大主流“主义”都空前完善了自己的理论形态。随着资本主义和社会主义两种基本制度的确立,制度的构建已经退居于次要的地位,制度的维持成为各国关注的中心。而制度的构建与制度的维持有着重要的区别。制度构建需要的是“主义”的宣扬、信念的确立以及弄清楚制度本身的价值;而制度的维持需要的则主要是制度本身的效果、效益,或者说它对社会发展实实在在的推动作用。[④] 欧洲社会民主党在冷战后逐渐意识到,党所建立的

① 许开轶、李晶:《当代政治转型研究的理论范式评析》,载《当代世界与社会主义》2006 年第 4 期。

② 参见[美]道格拉斯·C·诺斯:《经济史中的结构与变迁》,陈郁等译,上海三联书店 2003 年版,第 1 页。

③ 参见许开轶、李晶:《当代政治转型研究的理论范式评析》,载《当代世界与社会主义》2006 年第 4 期。

④ 参见翟桂萍、孙力:《西欧社会党转型理论的趋向分析》,载《当代世界社会主义问题》2004 年第 3 期。

组织模式存在着相当大的问题，不足以满足党上台执政的政治需求，党不能在现存制度中获取预期的利益。因此必须寻求变革，进行重大战略调整，选取新的组织发展路径，并在这种变革中缓解来自外部环境变迁的巨大冲击，从中获取更大的收益。

四、政党竞争理论——政党组织变革的政治学分析

政党竞争理论是认为政党之间的竞争导致政党组织嬗变的理论。该理论主要强调政党之间的竞争在推动政党组织变革中的重要作用。

（一）各政党之间的竞争是政党组织变革的根本原因

政党竞争理论认为，政党产生和发展的根本原因和主要功能在于如何推动和从事政党之间的政治斗争。即各政党为了取得对政府的控制权而展开斗争，政党之间竞争越激烈，政党根据人民的意愿进行变革的愿望就会越强。为了在激烈的政党竞争中取得胜利，各政党均会不断变革自身，使其更能符合社会发展的需求；并采取各种方法，满足民众的政治愿望和要求，尽可能地吸引更多的支持者。

（二）政党之间竞争的基本状况会随着社会的发展而不断发生变化

政党竞争理论还认为，政党之间不断进行竞争的实质是各政党对政治资源的争夺，而且这种竞争也不是一成不变的。政党竞争的基本状况，包括竞争的维度和烈度、政党间分歧的大小和强度、政党的规模和参与竞争的政党数量等，都会随着社会的发展而不断发生变化。而这种变化势必要作用于特定的政党和政党制度，从而造成政党之间关系状况和政党本身的嬗变。[①] 各政党为在激烈的竞争中取得胜利，会根据变化了的社会状况自觉变更竞争策略。

需要指出的是，各政党在竞争的过程中不可避免地带有私利性和相关权力的角逐，有时会通过不断打压他党以提高本党的竞争力和影响力。在野党往往会采取与执政党不配合甚至对立的态度，这种对立必然会影

① 参见李路曲：《当代东亚政党政治的发展》，学林出版社 2005 年版，第 60 页。

响国家的正常运行，也不利于党的团结。而且政党在竞争中也会刻意损害他党的形象，为了获取自身的理想目标和集体利益还往往会制造一些原来并不存在的矛盾。而处于被动地位的选民们希望看到的是党的团结一致，这种争吵和相互损害必然会使选民们产生厌恶情绪，转而支持超脱于政党竞争之外的社会组织来实现自己的政治愿望和利益诉求。此外，还有很多人认为政党之间虽然在不断斗争，但在本质上却没有什么不同，在具体政策上也大同小异，因此，对这样的党进行选择似乎没有什么意义。面对人们这种置身事外的心理，在当前变化了的形势下，在野党如何成为有建设性的在野党，执政党如何更好地与他党合作以巩固执政地位，是今后各党都需要密切关注的问题。政党之间在竞争中也要斟酌民意，寻求妥协与对话途径，在与其他政党的合作中实现共赢。

欧洲各国一般拥有成熟的民主制度，竞争性的政党政治是其民主的主要表现之一。各国政坛左右翼政党之间的竞争也一直都十分激烈，各党围绕着选举展开了激烈的争夺，历来都是你上我下、你死我活的正面冲突。长期不能执政的政党无异于慢性自杀。

"冷战"后，社会民主党在大选中一再失利，重新上台执政成为各党的强烈愿望。对竞争性政党来说，来自定期的竞争性选举的外部压力是其加强自身建设的强大而稳定的动力源泉。[①] 也只有首先在大选中获胜，社会民主党才能进一步推行自己的政策。而为了赢得大选，社会民主党必须变革自身，成为能吸引选民注意力的政党。

五、政党变革理论——政党组织变革的三种分析路径

政党变革理论是政党研究中的重要分支，学者们在长期的研究中对于政党变革主要有三种具体分析路径。

---

① 参见汪永成、黄卫平:《执政党党内民主发展的意义、路径与策略——基于市场经济发达国家政党的启示》，载《当代世界与社会主义》2004 年第 2 期。

（一）“生命周期”分析路径：政党变革是政党功能成长和成熟的过程

米歇尔斯认为，政党在产生之初都会强调通过人民大众实行民主统治，但是为了控制群众的不稳定性和引导群众的盲目性，需要产生一个专业化的、相对稳定的领导集团，这个领导集团要十分关注政党的生存发展和他们自己在其中的地位和权力范围，并为此不断进行改革。即政党自身存在着一个生命发展周期，有着越来越集权的趋势，这种寡头集权趋势作为政党变革的规律，就像自然规律支配着大自然的一切一样，没有政党可以例外。

（二）“系统层面趋势”分析路径：政党变革是对环境变化趋势的适应性反应

“系统层面趋势”分析路径是分析西方政党组织变革理论中最有影响力的一种分析路径。这种分析路径认为，政党组织的变革是政党对环境变化的适应性反应，即环境是引起政党组织变革的条件，变化了的社会是政党组织变革的重要原因。

（三）“突变”分析路径：政党变革是对突发性环境刺激抑或内在因素结合的反应

“突变”分析路径强调政党组织变革中的偶然性因素，认为政党组织的变革是政党外部或内部环境发生突变的结果，即党的组织的变化是偶然的、非连续性的。如东欧剧变后苏联、东欧各国政党的变革就是一种突变。

政党组织变革的三种分析路径的比较参见表 1-1。

表 1-1　　政党组织变革的三种分析路径比较[*]

分析路径类型	比较维度					独立变量的类型	
分析路径	关注点	变化的积累性	变化的方向性	渐进的或突变的	范围	基本的外部的或内部的	趋势或事件
生命周期	组织构成部分的功能和相互关系的根本性、转型变革	集束的有清晰的变化模式	有方向性普适的	渐进的	所有政党	历史的	趋势
系统层面趋势	转型性变革出现新的组织形式	集束的有清晰的变化模式	有方向性普适的	渐进的	所有或者大多数政党	外部的	趋势抑或突发事件
突变	突变性变革	单个的没有特定的模式	如果有方向性，那就是环境抑或具体操作者	突发的	个体的某政党	外部冲击（与绩效有关）内部主导集团或人事变化	趋势抑或突发事件

但是，不管是哪一种分析路径，都必然关注三个基本的理论问题：

第一，政党的变革是“演进的”还是“发展的”。即政党的变革是由自然趋势决定的还是没有可必然遵循的路径，只是组织的行为者之间联盟关系发生变化的结果。

* Robert Harmel, “Party Organization Change: Competing Explanations?” *Political Parties in the New Europe*, edited by Kurt Luther and Ferdinana Muller-Rommel, Oxford University Press, 2002, p. 131.

第二，政党的变革是有目的的还是无目的的。即政党的变革是党的领导者理性选择的结果还是政党在特殊情况下，如政党面临严重的组织危机时而不得不进行的改变。

第三，政党变革的根源是外生的还是内生的。即政党的变革是外部环境刺激引发的还是组织内部权力分配的变化引起的。

政党组织变革的历史表明，现实生活中政党组织的嬗变，往往是外部环境（如环境变迁和技术发展）与内部因素变化如领导人代际转换共同作用的结果。[1] 有时是外部环境的剧烈变化加剧了组织内部因素的变化导致组织的变革，有时是变化了的内部因素在外部环境的刺激下发生组织创新。"冷战"后欧洲社会民主党组织的变革也是党直面内、外部环境双向压力的结果。

总之，政党不是孤立存在的，它处在社会发展的大系统中，作为超越国家之上的大型政治组织，面临着来自各方面的挑战。政党要想维持自身的生存和发展，就必须适应时代发展的要求变革自身："尽管政党作为大型的组织有着天然抗拒变革的惰性和倾向，但是历史表明，政党确实是在不断发生变革，而且政党是政治体制中最经常发生变化的部分，正是政党不断的变革与调整才维持了政治框架和体制的相对稳定。"[2]即政党组织虽然是一个利益集合体，在本质上是一个拒绝变革的保守组织，但是随着社会的发展，政党的生存面临着来自各方面的挑战和压力，如果政党不及时调整自身来积极应对，就有可能被另一些及时变革的政党所取代。政党要学会适应社会而不是要社会适应政党，否则难逃被社会淘汰的命运。即政党组织的变革是政党为应对各种挑战而做出的有效回应，而为了积极回应这些挑战，政党总是在不断调整自身，除变更党组织内部各部分之间的互动模式和相互关系外，还经常改变政策来回应党所面临的危机，以应对日益减弱的选民支持，并因此来适应新的环境，从而使政党能

---

① 参见张小劲：《关于政党组织嬗变问题的研究：综述与评价》，载《欧洲》2002 年第 4 期。

② 王勇兵：《西方政党变革与转型的理论初探》，载《经济社会体制比较》2004 年第 6 期。

够适应这些挑战。

社会民主党一向是锐意改革的党，从它产生之日起，就处在不断地发展变革中，但它总是能够根据变化了的客观生存环境调整自身的政策。"冷战"后欧洲社会民主党的变革亦是为适应时代的发展而进行的，党的竞争环境和生存环境发生的变化为党的变革开辟了道路：20 世纪 90 年代以来，全球化、信息化进程加快，世界由工业化经济时代进入以创新为主题的知识经济时代，新时代要求新的社会政治经济和文化制度与之相适应。社会民主党的变革是与这种全球化、信息化的时代浪潮相呼应的，是对党的生存环境变化的适应性反应，是对外界挑战和种种压力的一种应对性回应，是为了更快捷地上台执政或者更好地巩固执政地位而做出的阶段性选择。即社会民主党的复兴是党不断改革和创新的结果，是在世界发生根本性变化的形势下，在坚持社会民主主义核心价值的前提下，把党的要求与社会、政治和经济的变化协调起来的必然选择。

欧洲各主要社会民主党的领袖们也都充分认识到不变革必然灭亡这一道理，主动寻求党的变革路径。如英国工党领袖布莱尔就认为工党未能与变化了社会一起变化是其失利的根源："如果世界改变了，而我们没有改革，那么我们对世界没有意义。我们的原则将不再是原则而只是僵化为教条，不进行变革的政党将会死亡，我们的政党是生机勃勃的政党，而非一座历史纪念碑。"[①]他甚至把社会民主主义定位为"永恒的修正主义"。德国社会民主党主席施罗德也说："如果社民党拒绝承担现代化的使命，如果人们不再相信社民党有决心和有能力应对新的挑战，社民党就可能将政治领地拱手让给市场自由主义的卫道士或民粹主义的吹鼓手们。"[②]总之，"冷战"后，面对外界的挑战，如果社会民主党不能切实地对党的组织加以变革以进行回应，就会无力应对来自外界的严峻挑战，就有可能在欧洲很多国家被长期排除于政府之外。

① [英]托尼·布莱尔：《新英国——我对一个年轻国家的展望》，世界知识出版社 1998 年版，第 59 页。

② [德]施曼德：《革新是我们的传统》，周荣美摘译，载《当代世界》2003 年第 8 期。

第二章　当代欧洲社会民主党组织变革的时代背景

“冷战”后欧洲社会民主党组织的变革不是偶然的，而是在特殊的时代背景下进行的，是复杂的国际、国内和党自身因素综合作用的结果。

第一节　当代欧洲社会民主党组织变革的国际背景

“国际环境直接决定着执政党的态度和政策选择。”[①]不同的国际环境决定了政党必然会有不同的执政取向。当代欧洲社会民主党的组织变革是在全球化、信息化深入发展的国际经济背景、冷战时代宣告结束的国际政治背景和欧洲民主社会主义陷入理论困境的国际文化背景下进行的。

一、全球化、信息化进程加速：社会民主党组织变革的国际经济背景

（一）全球化对社会民主党传统职能的冲击

20世纪后半期开始，经济全球化的趋势日益明显，世界经济成为一个密切联系的整体，资金、资源、技术、人才和信息实现了全球化流动。90年代以来，由于科技革命的深入发展，全球化进程进一步向深度和广度发

① 王长江：《现代政党执政规律研究》，上海人民出版社2002年版，第93页。

展,步伐大大加快,根本改变了世界经济原有的秩序和结构,在引起世界经济力量重新分化组合的同时也改变着人们的日常生活,冲击着整个资本主义世界,使其发生了新的变化。

欧洲是世界经济发展的前沿阵地,也是全球化的受益者。但全球化给欧洲各国带来巨大收益的同时也带来了许多新的问题和挑战:经济发展乏力使社会民主党引以为傲的福利制度难以为继,资本的全球流动、生态运动的蓬勃兴起和中产阶级队伍的迅速膨胀使社会民主党的中下层社会群众基础几近崩溃。对于社会民主党而言,这是一个具有很大不可预测性的时刻,资本主义成为一个不稳定的、具有潜在危险的体制,它既是创造性的,也是破坏性的;它正处在变化的边缘,既带来新的机会也带来新的风险:"真实的或被认为的全球化是推动趋同的巨大力量。无法否认,资本主义的全球化在促使欧洲左派离开它的传统领域——建立在福利国家和充分就业基础上的'民族国家'社会民主上,有着重要的意义。"[①]即全球化给欧洲政坛的传统左翼政党——社会民主党带来了巨大冲击,限制了政党的影响,使社会民主党的很多传统职能难以为继。

1. 非政府组织和利益集团部分代替了社会民主党的桥梁中介职能

政党是特定人群的集合体。它长期利用党的积极分子和遍布全国的地方和基层组织将党的意识形态、价值理念和相关方针政策灌输和传达给大众,让大家了解政治知识,掌握政治技能,参与政治活动,并以此成为人民与政府的沟通纽带。在欧洲民主政治发展的漫长历史上,民众主要通过政党与政府沟通,这一点在长期以健全的组织见长的欧洲传统政党——社会民主党身上表现得更为明显,但是全球化进程的加快改变了这一切。

随着欧洲各国经济全球化的深入发展,各国资本、信息、技术和货币在快速流动中也带动了人的流动和沟通,现代化通讯工具的更新换代和

① Donald Sassoom, *Looking Left: European Socialism after the Cold War*, London; New York: I. B. Tauris, 1997, p. 11.

广泛使用更是加剧了这一趋势，人们之间没有时间也逐渐懒于进行面对面的沟通与交流。此外，随着全球化的深入发展，全球性问题也迅速增加，如环境问题、人权问题、社会治安问题、移民问题、就业问题等等。人们对这些与自己切身利益密切相关的问题十分关注，而这些问题都是传统政党的“能力真空”，是其解决起来非常棘手的问题，需要一些专门的机制和机构协助进行。总之，“冷战”后，约束力较强且需层层传达的传统政党沟通模式已经越来越无法满足人们各种各样的政治利益需求，完全依赖党与民众进行沟通也无法奏效，即全球化使得传统的政党沟通模式越来越无法适应社会发展的需要，一些新的政治沟通渠道应运而生：

(1)新社会运动和非政府组织

新社会运动是指20世纪六七十年代以来西方社会爆发的学生运动、女权运动、生态运动、反核运动等等。这些运动涉及人权、环境、和平、移民等多个议题，这些也都是与人们切身利益密切相关的、人们关注相对较多的问题。新社会运动主张的政治议程冲破了传统的以阶级为根基的政党忠诚，在很多新的社会问题上形成了新的社会认同，如他们倡导无阶级特色的“中性政治”，主张非意识形态化，追求的是公民自主、社会自治和政治参与的价值目标，也试图通过政治制度来确立自己的政治和社会权利。除此之外，新社会运动在组织上也相对较为松散，追求的是单一的明确目标，并从文化、环境、精神等全新的视角来介入和阐释政治问题。这些鲜明的时代特征对于那些不愿意接受党的严格组织约束的人们，尤其是对于崇尚自由的年轻人十分有吸引力，因此，新社会运动已经成为一种越来越被人们所喜爱的政治需求表达方式。

与新社会运动相呼应，各种非政府组织也逐渐建立起来。非政府组织也称“非营利组织”或“民间组织”，是社会成员按照一定规则建立的、致力于解决各种社会问题的公民组织，有些非政府组织还积极参与反战、反核、反全球化等社会运动。这些不以营利为目标的组织没有执政或参政的政治愿望，它们只关注某一具体的社会问题，并为这一问题的解决不遗余力。而这些看似与政治核心关系较远的问题，恰恰是这些与人民切身利益相关的具体社会问题，因而更能引起相关人群的密切关注，更容易取得大家的信任和支持。如今，新社会运动和非政府组织在一定范围内已经代替了政党成为民众与公共权力的沟通桥梁，成为民众传递政治信息、参与政治生活的有效渠道。

(2)利益集团和压力集团

利益集团是指若干数量的公民为了追求某一或某些共同利益而结成的团体。这些团体主要运用游说政府的方法，获得有利的法律、条例等，进而实现或维护自己的利益。利益集团在二战后就已经大量出现并迅速发展。20 世纪 80 年代以来，各种非营利性的利益集团大规模涌现，广泛分布在教育、文化、科技和公共事务领域，为公民参与政治和社会生活提供了新的渠道。冷战后，随着现代社会的开放性越来越强和社会分工的日益细密，政党无法满足多元化利益主体的多样化利益需求，利益集团的作用也就随之越来越大。它们在选举中为政党提供大量的金钱以支持某一政党的选举，使候选人对它们的依赖性增强。有些实力强大的利益集团甚至控制相关媒体，为它们支持的政党候选人大造声势，进而影响投票的结果，甚至有时还直接出动大量人员动员选民，直接参与到竞选当中去。在选举结束后，它们还作为一支重要的、独立的政治力量，收集、整理人们的相关利益诉求，在院内院外游说议员们，影响政府决策和议员们的活动，并依靠其雄厚的经济实力通过传播媒介谋求公众们的支持，对党的立法和决策施加压力。

压力集团是指那些在某些方面拥有共同利益或共同主张的人们，为了使政府维护其利益或实现其主张而组织起来对政府施加压力的集团。[①] 与利益集团相比，压力集团是为了更直接地对政党和政府施加压力而建立的，其针对性更强，目的性更明确，也因其一般有实力雄厚的财团支持而对政党决策的影响更大，它们有时甚至要求与议会或政府直接对话，以使政府满足它们的相关要求。

---

① 参见王惠岩:《政治学原理》，高等教育出版社 2006 年版，第 251 页。

总之，当前欧洲社会中这些越来越多的社会组织在欧洲政治和经济生活中发挥着独特的作用，而且随着其运作的进一步规范化，其影响也会越来越大。如今的政党已由过去政治沟通的“主角”变为可供人们选择的渠道之一，甚至有时沦为十足的“配角”。“冷战”后的选民们有更多的渠道表达自身的利益诉求，人们甚至完全可以绕过政党组织，不是通过政党，而是通过直接参加各种社会运动、非政府组织和组成利益集团或压力集团来直接表达或代理自己的利益诉求。就目前来看，这些新的政治沟通渠道的社会影响力还在进一步扩展，他们正在逐渐渗透和蚕食着政党的传统沟通领域，挤占政党的传统活动空间，与传统政党争夺选民，从而使得政党的传统职能进一步萎缩。这种状况在民主制度发展相当完善的欧洲各国更是如此，这对于传统上主要依靠政党组织与民众沟通的社会民主党冲击更大。

2. 利益主体的多元化使社会民主党利益协调难度增大

随着社会产业结构和就业结构的复杂化和专业化，社会上出现了不同的社会利益主体，其生活环境和生活质量的不同使他们拥有迥异的政治愿望和要求。政党作为超越各种社会利益之上掌握公共权力的力量，承担着维持社会稳定和促进社会发展的责任。政党必须想方设法协调这些利益主体的不同利益诉求，然后将这些利益诉求转化为系统全面的政策加以实施。对于执政党而言，只有有效地协调好这种利益才能巩固其执政地位。即执政党要得到社会多数的认可，就必须学会协调和整合各利益主体的利益。

社会民主党依靠其健全的组织机构设置和完善的组织机制架构，在利益协调问题上原本具有先天的优势，在其长期执政参政的过程中也一直拥有稳固的执政根基——工人阶级的支持。欧洲社会长期以来明确的社会分野和工人阶级利益的单一也使社会民主党未曾遭遇过利益协调的难题。但是经济全球化和科技革命的发展导致了社会结构的深刻变化：社会分层日益复杂化，传统的工人阶级和资本家的数量都大为减少，其中欧洲社会原有的利益诉求相对较为单一的社会主体——传统工人阶级的人数骤减，在很多国家不足5%，取而代之的是数量越来越多、规模越来越小、形式越来越分散的社会群体。复杂的社会结构也使人们的身份特征日益复杂，很多人拥有好几种身份。同一个社会阶层的成员按照他们的个人价值取向又分别归属于三个或四个不同的群体，这些群体最终形成社会水平、教育水平、社会地位和政治倾向等各个方面都有巨大差异的、非常复杂的社会群体。他们的价值观、生活追求和根本利益也相差甚远，相应的社会职业和政治倾向之间的联系也日益疏远。这些复杂的社会群体出于不同的政治、经济、社会和文化利益，对社会民主党的政治愿望和要求也大不相同，最终分化成为各种各样的利益主体和社会集团。同时，这些不同的利益阶级、阶层和各种社会群体之间因为拥有不同的利益总会导致各种矛盾和冲突，但政党又无法实行多元化的意识形态，因此，在这种情况下，如何把多元化的社会利益主体之间的矛盾协调好，就成为执政党需要解决的大难题。社会民主党不可能再像过去那样，只简单地关注工人阶级的利益了。

此外，随着社会的发展，出现了很多没有确定政治方向的无党派团体，他们追求个性发展，在政治观点上具有明显的情绪化倾向。正如托马斯·迈尔所说："有这么一群人，他们由于确定政治方向已经变革的比过去困难而未能经历自己的有可靠根据的意见形成过程，基本上依靠大众媒体中显示的政治议题、象征性人物和政党来确定自己的行为。这种不如说是一种肤浅的交往效应为基础的意见形成能够随着任何一种新的情趣状态而迅速改变。它所遵循的与其说是对政治替代方案和成绩总评估的合理判断，不如说是媒体策划和挑动感情的战略的效果以及媒体政治明星的受人喜欢的价值。"[①]对于这一部分政治认同缺失的人们，社会民主党应如何整合、协调他们的利益也是一个问题。

面对如此复杂的社会利益主体，此时的社会民主党再也无法轻易地

① [德]托玛斯·迈尔：《社会民主主义的转型——走向21世纪的社会民主党》，殷叙彝译，北京大学出版社2001年版，第70页。

协调好民众的利益了。不仅如此，它还将面临一个非常严肃的问题：如果把目标集中在工人选民身上，它就只能作为一个少数党存在；如果它以新的阶层为对象，这一新的阶层并不能使社会民主主义政策获得足够的支持，同时却会吓跑剩下来的工人阶级。因此，这样的道路也只能以成为结构上的少数党告终。[①] 20世纪90年代以来，全球化的深入发展加速了社会流动，从而导致新移民剧增，加剧了社会分化的程度，社会结构也因此更加不稳定，这就无形中进一步加剧了社会民主党协调社会利益主体的难度。总之，"随着选民在阶级、阶层、社会背景、个人生活方式以及亚文化等方面的多样性的广泛发展，要赢得多数就是一个异常复杂的事情了"[②]。

综上所述，全球化时代是机遇与挑战并存的时代，各国各党都无法回避。如何在全球化过程中获得最大好处并有效规避风险，是社会民主党急需探究的问题。面对党的传统职能受到冲击的事实，社会民主党如何应对，重拾昔日风采，成为党的重要课题。

（二）信息化对政党组织传统职能的弱化

"冷战"结束之后，随着信息技术的深入发展，人类进入了高速发展的信息社会。在这个新社会中，人们获得信息的速度加快、途径拓宽，处理信息的能力也大为提高。这是一个通信和传媒技术高度发达的时代，相对独立的媒体通过放大或缩小政治信息产生独立的政治利益，并以其越来越强大的力量对政党产生了深远的影响。英国学者唐纳德·萨松这样形象地描述了传媒发展对政党的影响："当收音机和电视的影响较小时，左派政党依靠他们自己的组织和他们自己的亚文化群来传播他们的消息。即使在选举运动期间，相对复杂的议事日程也会从领导到追随者这样被传播下去，后者会依次把这个消息传到他们的地区和工厂，对这个消

① 参见[德]托玛斯·迈尔：《社会民主主义的转型——走向21世纪的社会民主党》，殷叙彝译，北京大学出版社2001年版，第57～58页。

② [德]安勒·库泼鲁斯、约翰·康德尔：《第三条道路——世纪之交的西方政治变革》，陈林、林德山主编，当代世界出版社2000年版，第160页。

息进行改编以适应特定的观众。20世纪50年代，社会主义和共产主义的领导人能够在露天广场或在大厅召开的忠实的追随者的大会上直接进行演讲，并用一种加以相对选择的语言详细阐释党的政策。现在，政治信息通过一种复杂的由高到低的通信系统加以筛选。领导者不直接同他们的忠实的追随者讲话，而直接同人数众多但缺乏注意力的观众讲话。他们同系列幽默剧、电影和肥皂剧竞争。政治家的消息必须言简意赅——是值得赞扬的'一针见血'，由于政治产品是相似的——繁荣、无通货膨胀、低税收、优良的公共服务等等——政治家倾向于传播同样的消息。由于高层领导人较易获得接近媒体的机会，所以存在着一种明显的对个性的关注。相应的，通常要根据他们在电视上进行表演的能力来选择领导人。当必须当场表决时，成员们没有时间进行民主协商。而且对其对手的政策反应必须迅速及时，这使得制定决议的权力极大地集中在领导者手中。现在，主要的政策是领导人在电视上宣布的，因此，实际上能够迫使他们的党接受新的路线——不论是布莱尔放弃党章的第四条，还是奥凯托改变党的名称的决定都是这样。与领导的决定不一致将会从总体上削弱党，并且会冒选举失败的危险。由于领导人在电视上争夺地位并从事口舌之战，所以党的政策的复杂性便化为乌有。"①在这种状况下，社会民主党过去那种层层叠叠的信息沟通和传递方式已经不能适应党内沟通和选民参与的需要，公民们通过大众传媒参与政治生活比通过政党要来得更快一些，党的传统功能也因此不可避免地被弱化。

1. 大众传媒的广泛发展削弱了政党的组织动员职能

社会民主党的各级组织原是组织选举活动的前沿阵地和党的纲领政策宣传的重要依托，他们不仅组织各级选举活动，动员党的各级力量参与投票，而且在选举结束之后也要继续动员一切社会力量来支持党的方针政策。但是第三次科技革命之后，现代信息和通信技术迅速发展，大众传

---

① 杨雪冬、薛晓源主编：《"第三条道路"与新的理论》，社会科学文献出版社2000年版，第134页。

媒的作用显著增强，尤其是网络技术的逐渐应用和普及，使世界各国实现了信息资源共享和信息传播的零距离，社会各类组织和普通民众都可以以平等的身份公平地获得各类政治信息。这打破了原有的特定政治组织和人物对信息的垄断。人们可以通过媒体更加迅捷地获取大量政治信息，也可以通过媒体更直接地参与政治生活。党要想了解选民们的愿望和要求，也可以越过党的积极分子直接通过民意调查机构获得，宣传党的候选人也可以聘用专门人员来进行。

如今，大众传媒正以其前所未有的深度和广度影响着政党的生存方式和运作方式，并且已经完全改变了现代政党的选举模式。政党利用大量党员进行的拉票活动还不如雇佣专家组织来得更有效率，几分钟黄金时段的广播有时比面对面的、挨家挨户的宣传更能影响到选民，这都使党的各级组织和大批党员们在组织竞选和宣传党的政策等活动上变得不再不可或缺："全国性的、专业化的、集中的媒体运作代替了所有的地方运动。"[①]社会民主党原有的依靠党的积极分子动员基层党员和不同选民的方式因决策程序长、信息传递速度慢已逐渐过时，依靠人际传播和组织传播的信息传播方式也被逐渐放弃，候选人对政党组织的依赖也逐渐减弱，党员人数的多少对于政党能否当选也不再具有决定性的意义，党也不需要大批党员来进行政治动员和政策宣传，因为媒体已经部分地承担起了本来由政党承担的组织动员广大民众的功能。大众传媒慢慢代替党组织成为选民与候选人之间联系的纽带，即德国学者托马斯·迈尔所说的"媒体逻辑打败了政党逻辑"。

2. 网络技术的普及应用弱化了政党的价值导向职能

20 世纪 90 年代以后，网络技术获得了长足的发展和进步，尤其是在经济相对较为发达的欧洲国家。如今，多数欧洲国家的上网人数已经达到了 80％以上。网络媒体作为"第四种权力"[②]已经登上政治舞台并成为

① ［英］理查德·赫弗南：《媒体操纵：英国工党的政治信息交流策略》，载《当代世界与社会主义》2002 年第 2 期。

② 现代社会，主导公共舆论的网络媒体被称为除立法、行政、司法之外的"第四种权力"。

侵蚀政党传统领地的重要力量，对于层级组织严密的社会民主党冲击更大。

互联网的发展为党和人民的交流提供了一个新的平台。党借助这一平台让民众更了解政党；人们通过这个平台可以对各种社会问题和党的相关政策发表意见和提出建议，表达自己的利益诉求。在这种氛围中，有利于人们形成各种不同的观点，拥有共同政治主张的人们还可以组成相关的社团和集团，将自己的想法付诸实践，以解决某一社会问题。同时，互联网的广泛使用也改变了信息的传统分配形式，进一步打破了政党对政治解释的垄断权。而且，互联网还完全冲破了时空限制，突破了党从中央到地方的政党组织框架，人们可以随时、随地地按照自己的意愿自由地表达自己的意志。再加上互联网基本上处于政治精英的控制之外，因此更能得到人们的信任。此外，政党无法把握互联网的信息，方方面面的信息和人们对各种信息进行的带有个人观点的分析会对民众们产生不同的影响，政党再想按党的意志和愿望对民众们进行统一引导就变得十分困难了。

西方社会是崇尚自由和民主的社会。随着人们主人翁意识和民主意识的逐渐增强，随着网络技术的迅速发展，人们可以自由、独立地处理自己所关心的相关政治领域内的很多政治问题，对于党的言论不再简单地认同，有时也会提出自己不同的意见和建议。在这种情况下，政党很难进行价值导向的宣传。

二、冷战结束：社会民主党组织变革的国际政治背景

20 世纪 80 年代末 90 年代初，“东欧剧变”“苏联解体”，标志着自第二次世界大战后形成并持续 40 多年的资本主义与社会主义两大阵营相互对立的政治格局宣告瓦解，“冷战”时代结束，和平与发展成为新的时代主题。两大阵营对立格局的结束使与其伴生的二元对立的“冷战”思维也随之失败，“左”与“右”之间非此即彼的选择消失，各政党意识形态陷入一种虚无的孤立中。搁置争议，超越意识形态分歧，加强各国之间的交流与

合作成为各国的共识，也是各国走向共赢、共同进步的明智选择。世界政治进入重新分化组合的“后冷战”时代。

(一)两大阵营对抗状态的结束使意识形态的对立消失

意识形态是政党用来吸引群众、聚合民众力量的重要工具。传统上，自由主义与保守主义早在启蒙运动时期就已经形成了完整的理论体系。欧洲政党的意识形态分野也一直十分明显，二元对立的思维方式鲜明而有特色：社会党和共产党等属于左翼政党，代表着工人阶级的利益，党员和选民主要来自工人阶级；保守党和基民党等属于右翼政党，代表着中产阶级和资产阶级的利益，党员主要来自中产阶级和资产阶级。例如，在1966年的英国大选中，左翼政党工党得票中的81%来自作为体力劳动者的工人阶级，右翼政党保守党60%的得票来自中产阶层和资产阶级占多数的非体力劳动者。[①]

“冷战”的结束使社会主义与资本主义的对立消失，“左”与“右”意识形态的分野也随之模糊。就像一位政党理论家所说：“过去两页纸就能鲜明地亮出党的旗帜，今天则几十页也未见得能讲清左右翼的区别。”[②]而且，“在全球化时代，左和右的划分在一些我们所面临的最基本的政治议题上不再提供解决的框架”[③]。在新的世纪，新问题出现后也不再进行一贯的左、右翼划分，在很多问题上也已不能再简单地用传统的“左”与“右”、“激进”与“保守”来直接分界和解决。人们更加关注的也不是“左翼问题还是右翼问题”，而是“新问题还是老问题”。政党的分野从“以阶级为基础”向“以议题为基础”转变。为了适应这种变化，各政党尤其是执政党要根据变化了的实际从新的角度来重新解释党的意识形态，以将更多的阶级和阶层包含其中，因为作为执政党，若是没有包容性的意识形态，就会使一些阶级和阶层游离于政党组织之外。

---

① 参见钱乘旦：《日落斜阳——20世纪英国》，华东师范大学出版社1999年版，第23页。

② 王长江：《世纪之交欧洲社会党的变革》，载《当代世界与社会主义》2002年第3期。

③ [英]安东尼·吉登斯：《第三条道路——社会民主主义的复兴》，郑戈译，北京大学出版社2000年版，第175页。

社会民主党是十分重视意识形态的政党，有着坚定的政治信念和明确的政治目标。但“冷战”后，全球局势趋向缓和，各国之间尤其是各大国之间的合作与对话取代了对抗，国与国之间建立了不同程度的伙伴关系，使意识形态的对立进一步趋于淡化。既然意识形态上的对立已不再是资本主义与社会主义发展关系的障碍，左、右翼之间的妥协与合作也有了现实的氛围，即东欧剧变不仅使世界社会主义运动进入低潮，改变了原有社会主义和资本主义两大阵营的对峙状态，也使对抗性的“冷战思维”失去了赖以存在的前提，使意识形态呈现出多元化和中间化的特点。而意识形态的对立消失对社会民主党这种传统上重视意识形态的党的冲击尤为严重，使其在意识形态领域中的优势逐渐丧失，现代社会政治信息的庞杂也使党很难有效地对人们进行系统的意识形态灌输。党必须有意识地突破传统的社会主义与资本主义两分法和国家政治中的“左”“右”之分，主动摆脱意识形态的束缚，在理论上和政策上都要兼收并蓄，吸收其他政党的基本价值，并将其应用到变化了的世界中，真正把注意力放在与民众切身利益密切相关的各种政治经济问题上，正如社会民主党所强调的，要使自己成为“群众性的纲领党”。

（二）两制对立的结束使资本主义国家内部矛盾凸显

在长达40多年的“冷战”时代，资本主义世界把很大的精力和大批的资源都用在遏制社会主义的威胁上，因此掩盖了国内的各种矛盾。但“冷战”的结束使社会主义力量被大大削弱，资本主义世界瞬间失去了苏联这一明确的强大敌人，一时失去了工作重心和目标，西方民主政治陷入没有对手的巨大压力中。正如吉登斯所说：“自由民主正处于危机之中，这不是因为它受到了对手的威胁，相反它没有了竞争对手。有危险但无敌手的国家必须找到不同于过去的合法性源泉。”[①]而“为了保持或者重新获

① 罗云力：《建设社会投资型国家——欧洲社会民主党第三条道路对福利国家制度的变革》，载《国际论坛》2002年第3期。

得合法性，没有敌人的国家必须提高其行政管理效率”[①]。这一点在政治家那里也得到了认同。德国前社会民主党主席拉封丹就说过：“在原先两极对立的国际政治格局下，西方的‘民主政体国家’可以通过与前苏联等东方社会主义政治模式的对比中获得自己的合法性，显示自己的优越性。而现在，人们则必须用对它们内部要求的尺度来衡量这些民主政体国家，从它们的目的来表明它们是否没有辜负其民主政体。”[②]

苏联的解体使资本主义世界的外部压力骤然瓦解。当外在束缚解除，资本主义内部长期积聚的、被“冷战”一直掩盖的矛盾骤然显现出来，并在新自由主义的强势推进下迅速激化，这些矛盾包括资本主义生产的社会化与私人占有制之间的矛盾、资本无限扩大的趋势与有限的市场之间的矛盾、过剩的生产力与人们有限的消费力之间的矛盾等。二战后在资本主义世界推行的凯恩斯主义也陷入困境中，社会民主党标志性的福利政策也成为政府的沉重负担。在重重矛盾的巨大压力下，党必须变革自身，采取灵活务实的政策，防止这些矛盾的进一步激化。因此，各政党在“冷战”后也不得不将重心转移到国内政治生活中，将注意力转移到国内各种问题和矛盾的解决上，从国内寻找新的政治主题和政治认同。

总之，社会民主党作为建立在工人阶级基础上、代表工人阶级利益的左翼政党，是意识形态色彩浓厚的、具有明确的社会主义目标和鲜明的阶级性的政党。这一政党受到了“冷战”的巨大冲击：一方面，两大阵营的对立消失，基于意识形态意义上的根本性对抗消失，“左”与“右”的分界线越来越模糊，人们广为关注的全球性问题越来越多，党派之间能够坐下来商谈的问题也随之增加，意识形态色彩浓厚的优势在顷刻间就转化为劣势。而且随着欧洲社会进入后工业社会，各阶级之间的生活差距缩小，人们的身份特征不再明显，选民们的价值观也发生了巨大变化，所关注的问题由生存问题变为发展问题，阶级特色鲜明也成为社会民主党前进的掣肘。

---

① ［英］安东尼·吉登斯：《第三条道路——社会民主主义的复兴》，郑戈译，北京大学出版社2000年版，第46页。

② 郑伟：《全球化与“第三条道路”》，湖南人民出版社2003年版，第2页。

另一方面,苏联解体,社会主义与资本主义的显性对抗告一段落,资本主义的注意力转向国内。国内越来越尖锐和复杂的矛盾对党的执政能力提出了更高的要求。

(三)社会民主党在欧洲全线溃退

"冷战"结束是欧洲社会民主党执政史上的重要转折点。"冷战"之后,其政治方案遇到了信任危机,所主张的凯恩斯主义和福利国家基础也面临着一系列的困难,所坚持的充分就业和平等主义目标也越来越难以实现,其物质和思想基础也受到了质疑。这都遭到了来自右翼的猛烈批评。很多右翼学者认为社会民主党论述的纲领已经过时了。

这种"过时"也迅速地表现在实践中。20 世纪 70～90 年代,社会民主党陷入"执政危机期",在大选中连连失利:1976 年,执政长达 44 年的瑞典社会民主党出人意料地下台;1979 年,英国工党在大选中失利,并从此一直在野 18 年;1982 年,德国基民盟赢得大选,德国社会民主党连续在野 16 年;此外,法国、希腊、西班牙等国的社会民主党也在大选中纷纷落马。东欧剧变恶化了社会民主党的这一执政危机。到了 20 世纪 90 年代末,多数欧洲国家是由右翼政党执政,各国社会民主党的得票率也几乎都跌至历史最低点,社会民主党在欧洲全线崩溃。"社会民主主义的'黄金时期'在七十年代的过程中,由于一系列同时变得重要起来的原因而告终,在随后的 20 年让位给了一个危机和自我怀疑时期。"① 这表现在党的组织上,主要有以下特点:

1. 党员人数锐减

虽然欧洲各国社会民主党均不同程度地向社会开放,吸收社会上一切愿意支持党的政策的人入党,但左翼的整体衰退和社会民主党业绩的惨淡使党员们士气低落,失去了对党的信心,大批党员因此退党。与"冷战"前相比,社会民主党党员人数大量减少:

---

① [德]托马斯·迈尔:《社会民主主义的转型——走向 21 世纪的社会民主党》,殷叙彝译,北京大学出版社 2001 年版,第 43 页。

英国工党党员人数的减少是十分惊人的。在 20 世纪 70 年代末的鼎盛时期，包括集体党员在内的英国工党党员人数一度达到了 700 万，1983 年降至 645 万，到了 90 年代初锐减至 300 多万。由于工党取消了集体党员制，1997 年，工党赢得大选时只剩下 40 万党员，到了 2002 年，人数则不足 25 万。德国社会民主党在 20 世纪 70 年代鼎盛时期党员人数超过了 100 万，1989 年东欧剧变前还有 92 万，到 1995 年只剩下 82 万，1996 年还剩 79 万，2002 年社会民主党的党员首次减少到 70 万以下。2003 年施罗德提出改革纲领的《2010 年议程》后，一年之内就有 4 万多人退党。到了 2003 年年底，德国社会民主党的党员有 65 万；2005 年大选社会民主党与基民盟组成联合政府后，党员继续减少；到了 2008 年，只剩下 52 万党员。瑞典社会民主党党员数量下降的速度也很迅速。作为人口只有 800 多万的小国，瑞典社会民主党党员曾经达到了 120 万，在 20 世纪 70 年代中期人数一直保持在 110 万左右，到了 1989 年仍然有 60 万；但 90 年代以后，人数迅速下降到 26 万左右。

2. 组织生活松弛

“冷战”后的社会民主党不仅党员人数大为减少，现有党员们参与政治生活的积极性也大大降低。尤其是随着现代社会生活节奏的加快和生活压力的增大，党员们越来越不愿意也没有时间参加乏味无趣的党组织生活。而且社会民主党执委会和主席团也往往脱离党的基层自行运作，从而使普通党员们感觉自己受到的关注越来越少，对党的组织生活逐渐失去兴趣，也厌烦了党内程序化的生活节奏，很多党员不交党费，积极参加党内政治生活的党员越来越少。一项调查显示，在德国社会民主党内部，积极参加党内政治生活的党员人数只占党员总数的 10%，很多人只是形式上入党，实际上并不参加党的组织生活。同样，党员们对于选举的热情也大大降低。在英国 1992 年的选举中，不到一半的工党党员参与分发传单或提醒别人投票，少于四分之一的人协助工党寄信、挨门挨户拉票和催票，只有 10%的人从事过电话动员和应答、街头造势或计票监督工作。20 世纪 90 年代末，65%的工党党员根本没有为党工作过，75%的党员们承认对党的事务从来就不主动或不太主动。此外,社会民主党原来有的几百个党的外围活动组织,如社会救助协会、老年协会等,现在也基本上都离开了党的组织。

三、"后物质主义"价值观的兴起和民主社会主义的理论困境——社会民主党组织变革的国际文化背景

(一)"后物质主义"价值观的兴起削弱了社会民主党的意识调控能力

从 20 世纪 60 年代开始,西方资本主义进入了"后工业社会",罗纳德·英格尔哈特称之为一场"静悄悄的革命"。"冷战"后,随着经济一体化程度的深入发展,这种趋势更加明显。与工业社会时代不同,在"后工业社会",由于物质的逐渐富足,执政党也通过不断完善社会福利体制来赢得人们的支持,工人和中产阶级的收入水平和生活水平的差距越来越小,不同阶级在价值观上的分歧也逐渐缩小,阶级身份在人们的投票行为中所起的作用也越来越小。当人们的生活逐渐富裕起来之后,人们开始更多地追求精神上的满足,所关注的主要问题也由经济利益和物质财富方面的"物质主义"价值观问题转向了生态环境和生活质量方面的"后物质主义"价值观问题,而不再重视阶级之间的界限。人们的思想观念也不再像过去那样泾渭分明,而是错综复杂地交织在一起。这种转变实际上就是从注重经济增长、公共秩序、国家安全以及传统生活方式的"旧政治"价值向关注环境质量、个人自由以及社会平等的"新政治"价值转化的过程。[①] 其中,自我价值的实现正逐渐代替单纯的对经济利益的追求,人们把自我实现、社会公平、生态安全等作为确立自己生活取向的价值依托。这些新的价值观重新支配着人们的思维和行动,因此也需要产生新的社会动员。此外,物质财富的丰富也使人们逐渐失去了团结互助和集体合作的理念,一致的阶级认同很难轻易产生。在这种情况下,社会民主党的意识形态灌输就会显得苍白无力,也无法全面了解和把握人们的思想状

① Ronald Inglehart,"The Silent Revolution in Europe: International Change in Post Industrial Societies," *The American Political Science Review*, Vol. 65, No. 4, 1971.

况，用传统的立场和方式去争取他们的支持就显得尤为困难："社会民主党在80年代发现他们自己缺少一个有效的意识形态架构；当社会运动和其他集团将那些落在传统的社会民主政治之外的问题（如生态、动物保护、消费者权益以及许多其他的问题）推到前台的时候，它们缺少一个能够用来进行回应的意识形态架构。"①

传统的欧洲社会民主党是欧洲政坛代表着中下层劳动人民利益的改良主义政党。随着"后物质主义"的兴起和人民生活水平的不断提高，社会民主党也在探索新的政治理念，认为人类应由解放政治走向生活政治。解放政治关注的是"生活机会"，即如何通过社会制度变革将权势阶层的权力分配给弱势阶层来实现人们的普遍自由和平等问题；生活政治是"一种如何选择身份及相互关系的政治"，它所关注的是我们在传统与习惯已经衰落之后应当怎样生活、如何重建社会团结以及如何对生态问题作出反应等。社会民主党如果能将这些生活政治问题解决好，并将其理论化后充实进其意识形态理念中，就能够赢得新的社会认同和支持。

（二）民主社会主义的理论困境

欧洲社会民主党是传统的阶级性和群众性政党，有着自己固定的意识形态和价值观，长期以来一直坚持用公有制和国家来调节和改良资本主义，最终实现社会主义的政策，这也是社会民主党和保守党、自由党的根本区别。社会民主党也是靠这一独特特征建立了规范的"从摇篮到坟墓"的社会福利制度，赢得了广大选民的支持，也因此进入了其发展的"黄金时代"。即欧洲社会民主党60多年的成功主要得益于其民主社会主义的理论和实践，经资本主义的国家机器民主化后管理资本主义经济取得了巨大成就。但20世纪70年代后，两次石油危机、布雷顿森林体系崩溃和以"滞胀"为特征的新经济危机爆发，使欧洲各国经济均不同程度地陷入了经济发展的"滞胀"时期。社会民主党以经济高速增长为基础的高福

---

① [英]安东尼·吉登斯：《第三条道路——社会民主主义的复兴》，郑戈译，北京大学出版社2000年版，第51页。

利政策难以为继,传统福利国家模式走入了困境,遇到了前所未有的困难,这些都为欧洲战后经济繁荣期画上了句号,民主社会主义开始出现危机。在整个20世纪80年代,"新自由主义"意识形态卷土重来,处于压倒性的优势地位。"冷战"后,社会主义实践模式的失败更是连带着带有社会主义成分的民主社会主义陷入总体衰退的窠臼中。

"冷战"结束、苏联解体是20世纪下半叶国际社会发生的最重大事件。最初社会民主党认为自己坚持的民主社会主义终于战胜了共产主义。但是,令社会民主党没有想到的是,其核心价值因含有社会主义的成分而受到右翼势力的强烈攻击。右翼势力认为,东欧剧变是包括民主社会主义在内的社会主义世界彻底的失败,自由主义取得了全面的胜利。正如德国社会民主党理论家托马斯·迈尔所说:"共产主义的崩溃起初没有为社会民主主义的替代方案提供任何推动力,反而在若干年内加重了它的负担。"①在这种大背景下,欧洲民主社会主义的发展遇到了巨大困难,陷入了严重的理论危机中。

英国著名历史学家埃里克·霍布斯鲍姆曾经指出:"改良主义大厦建立在三个基本柱石基础之上。第一,有一个庞大的工人阶级而且它的数量不断增长,认为自己属于工人阶级的归属意识也在不断增长,这种归属意识把形形色色的劳动群众以及或多或少比较穷困的人们融合为一个唯一的阶级。……改良主义的第二个基本柱石就是自俄国革命以来,特别是1945年以来,对于共产主义和苏联的恐惧。至少在欧洲,1945年以后似乎只有一种充分就业和社会改良政策才能抑制这种共产主义进军。……1945年以后,特别是充分就业政策,不仅在政治上而且在经济上都是十分重要的。如凯恩斯和瑞典社会民主党经济学家所预言的那样。这是改良主义的第三个柱石。"②但是,从20世纪60年代开始,由第三次科技革命引发的生产结构的变迁使传统的工人阶级在队伍上急剧萎缩。各

① [德]托马斯·迈尔:《社会民主主义的转型——走向21世纪的社会民主党》,殷叙彝译,北京大学出版社2001年版,第99页。

② 张世鹏编:《全球化与美国霸权》,北京大学出版社2004年版,第281页。

发达国家的白领职员在人数上先后超过蓝领工人。也就是说，民主社会主义的第一根柱石在20世纪60年代就已经崩塌了。70年代中期的经济危机则宣告了第三根柱石的坍塌。到70年代后期，西欧的民主社会主义已经处于风雨飘摇之中了。1989年东欧剧变宣告了西欧民主社会主义的最后一根柱石的坍塌。[①] 民主社会主义陷入空前的恐慌中，这种恐慌也表现在政党组织上："党员大量流失；参加选举的选民人数不断地大量渐少；政党体系日益分裂，并且日益分散化；长期投票支持某一个政党的基本选民人数不断减少；广大居民对于政党和政治家的总体信任程度不断降低；青年人越来越疏远政治；他们准备进行暴力斗争的意愿日益增长；对于其他的国家机关、大型社会组织甚至对于教会的信任正在日益消失；媒体报道的政治丑闻的数量日益增多。"[②]

总之，在工业时代诞生并发展起来的社会民主党，"冷战"后在整个欧洲政坛基本上要偃旗息鼓了，主要表现为党员人数急剧减少，组织生活毫无生机和活力。在如此严重的危机面前，社会民主党如果想要在后工业时代充分发挥其影响力，就必须完成其组织的现代化变革，重新聚合新的社会力量，只有这样，才能赢得重新上台执政的机会。

第二节　当代欧洲社会民主党组织变革的国内背景

冷战后，欧洲社会民主党国内生存环境也发生了巨大变化：社会结构的巨大变迁，动摇了社会民主党的稳固执政根基；国内新兴政党的迅猛发展，挤占了社会民主党的传统生存空间。

---

① 参见刘玉安：《从民主社会主义到社会民主主义——苏东剧变后西欧社会民主党的战略调整》，载《当代世界社会主义问题》2008年第4期。

② 张世鹏：《从德国看欧洲政党政治制度的危机与改革前景》，载《当代世界与社会主义》2002年第2期。

一、"橄榄型"的社会结构动摇了社会民主党传统的选民基础

(一)政治取向较为单一的工人阶级人数急剧减少,政治取向十分复杂的中产阶级人数大量增加

20 世纪 70 年代,欧洲各主要国家完成了工业化过程,先后进入后工业社会时期。这一时期,工业社会时期的板块式社会结构被解构,社会被进一步碎分化,出现了许多新的社会阶层。同时,第三次科技革命促使欧洲社会产业结构大调整,大量新兴的技术成果将熟练的技术工人和新的生产机器联系起来,为专业化市场自主生产小批量产品,自主性产业大量增加;技术含量低的劳动密集型产业则大量向新兴工业化国家转移;跨国公司为了获得更大的利益,也纷纷把生产基地向发展中国家转移。欧洲社会第一、第二产业迅速萎缩,在经济中所占比重大大下降。目前,第一产业在欧洲主要国家国民生产总值中已不到 3%,第二产业的比重也稍有下降。但以服务业为主要内容的第三产业和以高科技为主导的信息产业正逐渐成为国家的支柱产业,在欧洲很多国家中已经超过了 60%。

产业结构的变化必然带来就业结构的变化,大量的对外投资使得本国对劳动力的需求大量减少,这使得用工较多的传统的制造业、纺织业和加工业受到极大冲击。如制造业工人数量从占劳动人口的 25%～37%之间降到 20%以下,其中钢铁工人人数下降更为严重。20 世纪 90 年代钢铁工人的数量不及 70 年代的一半,如英国只剩下 3.2 万人,相当于过去的四分之一。这些产业从业人员的减少最终造成直接从事体力劳动的"蓝领工人"的人数不断减少,主要从事脑力劳动的"白领工人"——也称"知识工人"的数量大大增加:如英国的体力劳动者从 20 世纪初的占工作人口的四分之三降至 1981 年的少于工人人口的二分之一。大量劳动力转向服务业,社区、社会和个人服务业劳动者人数由 70 年代的 14%～

27%之间迅速上升到 90 年代初的 20%～37%之间。[①] 再加上金融、保险和各类企业中的技术和管理人员，第三产业的从业人员已经超过全体就业人员的 70%，即从事服务业的人员是工人的两倍。到 1995 年，德国第一、第二、第三产业的从业人员所占的比例已分别是 3.2%、35.9%和 60.9%。[②] 此外，随着现代技术的发展，从工人中分化出一部分技术工人、非技术工人和相关服务人员，这些人拥有一定的财产，变成比较富裕的消费者，跻身于中产阶级行列，从而使中产阶级队伍进一步膨胀，逐渐取代产业工人成为社会主要群体。20 世纪 90 年代以来，随着人类社会步入信息社会和知识经济时代，这种趋势更加明显。一个庞大的以知识分子、高新技术人才为主的，包括企业主、经理、管理人员、医生、律师、教授、工程师等在内的"中间群体"在社会生活中发挥着越来越重要的作用。[③] 相应地，中产阶级在党员中所占的比例也越来越高，成为党员的主体，如德国社会民主党中的雇员、职员所占比重在 1992 年已经达到 39%。

总之，在目前欧洲绝大多数国家，资产者和真正的贫困者的比例相对较小，中间阶层则越来越庞大，社会已经逐渐变成两头小、中间大的"橄榄型"社会，越来越"中间阶层化"。如德国的工人阶级在社会中所占的比例是 17%，高收入阶层占 10%，而中产阶层比例为 73%。而且，随着工人阶级总体生活水平的提高，越来越多的工人阶级也自认为自己是中产阶级。一项民意调查表明，德国西部 50%的工人和 80%的职员认为自己属于"中间阶层"。与此相适应，社会民主党的选民分层也发生了变化，主要表现为工人人数下降，职员尤其是高级职员以及其他行业的选民人数明显增加，如表 2-1 所示：

---

① Donald Sassoon, *One Hundred Year of Socialism: The West European Left in the Twentieth Century*, I. B T auris Publishers, 1996, p. 652.

② 参见张世鹏：《二十世纪末西欧资本主义研究》，中国国际广播出版社 2003 年版，第 220 页。

③ 参见黄佳瑶、陈新来：《当代西方社会思潮述评》，立信会计出版社 2003 年版，第 154 页。

表 2-1　　社会民主党选民的社会分层(百分比)*

国别	工人		职员(低级)		职员(高级)		其他	
	1975	1990	1975	1990	1975	1990	1975	1990
比利时	58.7	42.6	24.8	39.7	10.0	6.3	9.3	18.7
德国	21.7	34.4	35.9	34.0	4.4	24.1	13.5	24.7
丹麦	52.5	49.8	41.4	36.8	0.6	0.8	4.2	20.2
法国	32.9	27.1	44.8	41.9	8.0	22.5	23.0	29.2
英国	70.8	44.0	23.0	30.4	2.5	14.6	8.8	15.5
希腊	33.2	19.4	23.7	22.0	1.0	4.6	41.6	42.9
爱尔兰	68.3	64.6	17.1	26.7	3.7	8.1	13.4	14.0
意大利	27.5	23.8	44.3	42.0	6.5	7.4	35.6	36.2
荷兰	58.0	30.9	20.5	42.1	15.9	21.6	7.9	21.4
葡萄牙	47.7	33.3	33.3	27.0	0.6	10.5	21.6	29.2
西班牙	49.5	41.7	27.2	23.7	2.4	12.7	22.3	21.9

(二)庞大的中产阶级无法形成社会民主党稳固的社会基础

中产阶级与工人阶级相比,缺乏稳定而又单一的政治利益诉求。虽然这些人中的大部分不直接占有生产资料,但是他们不同程度地拥有对资本或劳动的部分或全部处置权,是科技、教育、文化、卫生等各领域的骨干力量。其社会影响和政治影响都很大,在选举中的作用也非比寻常。在一定程度上,能够赢得中间阶层支持的政党才有可能赢得大选的最终胜利。

中产阶级一般具有较高的文化素养和认知水平,工资待遇较高,生活较为富裕,价值观和生活方式各异。他们满足于当前富裕的生活,基本接受资本主义制度,阶级意识淡薄,惧怕社会变革,往往从自身利益出发来评判政府的各项政策,也十分厌倦党派之间的争权夺利和虚伪的政治作

* 转引自托马斯·迈尔:《社会民主主义的转型——走向21世纪的社会民主党》,殷叙彝译,北京大学出版社2001年版,第62页。

秀,渴望稳定、有序的社会生活和务实、平和的政治生活。这样一个既劳动又过着富裕生活的群体,更关心与改善环境、提高生活质量有关的问题,也更关注本人个性的发展。他们对于各政党没有特别强烈的依附性和忠诚度,甚至对政治本身的兴趣也锐减,因此加入政党并参与政治的热情也自然会随之下降。很多人只凭政党对某些事件或问题的处理能力,甚至是只看党的领袖的魅力就做出决定。即中间阶层缺乏固定的阶级认同,一般不会想当然地投票支持某一政党,也大多不愿意加入工会支持左翼政党,而且他们也不大可能根据父辈工人阶级的政治倾向来投票。在这种情况下,如果社会民主党的政策不能使他们满意,他们就不会支持社会民主党。因此,中产阶级很难成为社会民主党稳定的支持力量。

这种社会结构的变迁使欧洲社会民主党的选民基础不断萎缩,党的固定选民日益减少,很多选民只是根据事关他们切身利益的具体政治主张和相关政策来投票。这一严峻的现实使社会民主党逐渐意识到:在这种变化了的新的社会条件下,依靠任何一个单一的社会阶层都不能够使社会民主党获得执政地位。为了重新上台执政,社会民主党必须争取更多阶层的支持,聚集尽可能多的社会支持力量:"由于它们无法依赖自己以前的阶级认同,因此不得不去寻找适应在社会和文化上更具有多样性的环境的新的社会认同。"①

二、新兴并迅猛发展的非主流政党挤占了社会民主党传统的生存空间

20 世纪 80 年代以来,欧洲各国的政党格局发生了重大变化,传统的左、右翼政党为了赢得选举,都大力争取中间阶层的选民。如此一来,其竞选纲领和施政方针政策就不可避免地逐渐趋同,再加上左、右翼政党都没能有效地解决国内存在的经济和社会问题,对国际上越来越严峻的全球问题,如恐怖主义问题、环境问题等也拿不出切实可行的对策,逐渐引

① [英]安东尼·吉登斯:《第三条道路——社会民主主义的复兴》,郑戈译,北京大学出版社 2000 年版,第 24～25 页。

起了人们的不满。这就为新兴政党留下了发展真空，使得新兴政党不断产生并迅速发展，影响力大大增强，挤占了两大主流政党的生存空间。如英国和德国原来两大党的得票率超过了90%，现在却只有70%左右。一直以来为主流政党所垄断的“选举市场”受到了非主流政党的强力攻击。

(一)绿党

绿党是欧洲政坛上产生较晚，但是发展却最快、影响力也最强的非主流政党。1973年，欧洲了产生第一个绿党。到了20世纪80年代前半期，欧洲各主要国家均先后建立了生态政党，并且在短期内以其鲜明的生态特色迅速引起广大民众的共鸣，在大选中凯歌高唱：1998年，德国绿党首先进入政府，与社会民主党组成“红绿”联盟上台执政，党的领袖菲舍尔担任政府副总理兼外交部长，随后芬兰、瑞典、意大利等国的绿党也先后组阁；到了20世纪末21世纪初，在原欧盟15国中，有12个国家的政府中有绿党成员，目前欧洲绿党已经成为欧洲政坛上继欧洲人民党和欧洲社会党之后的第三股稳定的政治力量；2004年成立的欧洲绿党已有来自欧盟27国和欧洲其他12个国家和地区的36个正式成员党和9个观察员党。而且，随着生态环境的恶化和一些恶性疾病在全球的蔓延，人们对环境问题会越来越关心，对于绿党所提出的相关政策也会表现出越来越强烈的认同和支持，绿党在欧洲各国的发展前景一片大好。

面对绿党咄咄逼人的气势，社会民主党陷入了一种两难困境：不接受生态主义观点就会使大量选民转投绿党，放弃传统主义观点又会使它的传统选民转而支持右翼政党。近几年来，为了在一定程度上抑制绿党，社会民主党不得已将生态社会主义融入社会民主主义，以借机排挤绿党势力。

(二)极右翼民族主义政党

“冷战”后，由于社会民主党模棱两可的价值立场使很多选民失望，极右翼势力鼓吹的“民粹主义”和种族观点重新进入人们的视野。新兴的极右翼民族主义政党也在欧洲政坛发挥着越来越重要的影响，它以其强烈的民族主义核心价值观吸引了大批对左、右翼政党失望了的选民。而且随着全球化的深入发展，欧洲左翼政党无法及时应对全球化带来的新问题、新挑战，在很多问题上无所作为，也不能使国家经济和人民生活有大的改观。选民们对其逐渐失望和不满，转而把选票投向旗帜鲜明的极右翼政党。1999年，海德尔领导的奥地利自由党与中右翼的人民党组成联合政府；此后，极右翼的意大利北方联盟、民族联盟和右翼的力量党组成"自由之家"赢得了大选的胜利；2002年，法国的极右翼政党——"国民阵线"的领袖勒庞获得17.02%的选票，将社会党的若斯潘淘汰出局，更是震动了整个欧洲；随后，荷兰极右翼政党——刚刚组建的"富图斯名单党"在议会选举中成为第一大党，与基督教民主党和自由民主人民党组成了联合政府。

目前来看，极右翼政党虽然因其过于极端化的观点不会有很大的发展空间，也不会对社会民主党构成根本性的威胁，但是，很多极右翼政党倡导的民族主义极易引起选民们的情感共鸣，也会争夺社会民主党一部分传统选民，进而影响选举结果。

此外，还有一些刚刚成立的政党也对社会民主党构成了极大的威胁。如2004年刚刚成立的德国"劳动与社会公正党"，2005年第一次参加大选就获得了18万张选票；成立仅两年的瑞典"极右翼新自由党"在1991年的大选中得到了6.7%的选票。更令人担忧的是，在左翼政党内部也出现了不同程度的分裂现象，如2007年，原西德社会民主党中的一些持不同政见者与由原东德执政党演变而来的民主社会主义党正式组建为左翼党，与德国社会民主党争取传统选民。

总之，这些新兴的非主流政党使社会民主党原有的选民大量流失，迫使社会民主党为吸引更多的选民而必须本着务实的态度不断变革。

第三节　当代欧洲社会民主党组织变革的内在因素

党的组织的变革是外部刺激和内部压力共同作用的结果。欧洲社会民主党繁琐的组织机构设置、浓厚的阶级色彩、有限的政治参与渠道和复杂的政党文化已经成为党继续前进的桎梏。

一、繁琐的组织机构设置无法使社会民主党成为高效的党

组织机构是政党存在和发展的物质基础。在多党竞争的体制下,简洁高效的组织架构更能满足人们的现实需求。虽然与中国共产党的组织机构相比,社会民主党的组织机构相对简单也松散很多;但是与欧洲其他政党相比,社会民主党的组织机构要繁琐得多,是一种垂直的、多层次的、金字塔式的组织结构,通过党的各级组织和党员积极分子将中央与基层连接起来。

英国工党由于对各种工会组织和社会组织团体的接纳,造成了"党中有党"的局面,其组织机构的复杂性在世界政党中都是极为少见的。其各个组成部分既是独立的政治组织或政党,又是作为工党的一部分而存在,即集体党员作为一个集体存在于党内,同时又划分为选区党组织。工会、政党、社会主义团体和其他政治团体,各种势力交织在一起,中央机构、地区机构、选区组织和基层支部四个层次的机构纵横交错,选区工党组织、全国代表大会、工党全国执行委员会、工党总部、工党议会党团、工党领袖、工党影子内阁等各权力机构互相制衡。德国社会民主党的组织机构分为地方协会、区、专区三个层级。党的执行委员会根据政治和经济需要划分专区,专区执行委员会划分为区,区执行委员会再划分地方协会,至今大约有12500个地方协会、350个区、20个专区和党的联邦代表大会,各层级之间的权力关系也十分紧密。此外,德国社会民主党还有一个各区不记名投票选出的110名代表组成的,来自议会党团、各州政府和欧洲议会咨询人员的"小党代会"。瑞典社会民主党的地方也有三级组织机构:地方协会、地方分部劳动公社和党区,其中地方协会是党的基层组织,劳动公社是市区一级的地方组织,包括市区的所有协会和俱乐部,党区则是选区内所有地方分部组成的大区级组织。除以上国家外,其他国家的社会民主党的组织机构设置也大致如此。

社会民主党通过这些繁琐的组织机构设置自下而上地形成党的政治

意志，但信息掌握在少数高层领导手中，其他人没有平等分享的权力。上级的指示通过一级一级的垂直阶梯组织向下逐级传递，但由于链条过长，在传递的过程中必然会被滞后、歪曲、遗漏甚至失真，组织效率日益低下，人们的意见和建议也不能及时回馈给党的上级组织，从而造成党对环境的变化反应迟钝，对事件的处理能力低下。总之，社会民主党原有的金字塔形的层级组织机构设置已不能满足党内党外民主和沟通的需要。在高速发展的现代社会，党需要保证信息的快速传递和社会问题的及时解决，人们也喜欢更加便捷的意见表达和信息沟通渠道，复杂的组织机构设置和低效率的组织运作让选民们提不起兴趣，最终会降低党的执政效率，使党的行动滞于事务发展进程而得不到人们的信任和支持。

二、浓厚的阶级色彩不能使社会民主党成长为多数的党

政党是各阶级利益、愿望和要求的组织化。现代政党是基于一定的阶级斗争基础上产生的，其实质是阶级利益的代表。当今世界各个国家、各种类型的政党都不同程度地体现出阶级倾向性，分别代表着不同阶级的利益，也是依靠一定的阶级、阶层的支持发展起来的。在所有政党中，共产党最强调自己的阶级属性，社会民主党的阶级性也比较鲜明。

欧洲社会民主党是传统的阶级政党，它的纲领认同社会主义的目标，它的政策强调福利国家的分配政策，它的组织依赖工会的支持。一直以来，社会民主党也以带有强烈阶级特征的口号和纲领来吸引选民的支持，明确表示自己是建立在工人阶级基础上的、具有一定革命性的左翼政党，是阶级色彩十分浓厚的党。长期以来，社会民主党一直将自己界定为劳工利益的维护者，认为自己是工会在政治上的代言人，是工人阶级的代表，与工会并称为工人运动的“两翼”。在社会民主党中，党是工会在政治上的领导者，工会是党有组织的社会基础，工人阶级是党的阶级基础，党在政治上和政策上表达和体现的是工人阶级的利益，在其长期的执政史上也更为关注提高工人的工资而不是提高企业的利润。而且社会民主党长期以来一直具有明确的身份特征，只允许特定的阶级和阶层加入其中，

党员构成相对较为封闭,即传统的社会民主党人"是清晰的左派阶级政治"。这很显然与欧洲社会政治生活中阶级界限日益模糊的现状是不相符合的,也不能吸引人数越来越多的中产阶级。在如今经济水平、生活水准和民主意识相对较高的欧洲社会,要想赢得执政地位或者连续执政,需要党能够代表绝大多数选民的利益。党的政策主张也不能只为某些政治力量服务,为自身打上明显的阶级烙印,只会阻碍自己前进的道路和发展的速度。

三、有限的政治参与阻碍了社会民主党变革为民主的党

在一定意义上说,公民参与程度愈高,民主治理程度也就愈高。[①] 而欧洲社会民主党传统上是相对较为封闭的左翼政党,公民的政治参与有限。一方面,社会民主党长期以来一直实行的是那种封闭式的办公室工作方式,很难与普通群众实现及时、有效的沟通,以至于很多人把社会民主党称为"干部党"。党长期以来也更注重加强党的中央权力,因此很难保证政策的民主性和科学性。另一方面,民众长期以来主要依靠党的积极分子的相关宣传了解党的方针政策,因此也很难及时了解到党的相关政策和决议。民意也一般通过各级政府的层层传达向上传递,党员们也通过参与有限的、定期的党内生活来参与党的政治生活,选民们也只能通过自身有限的投票权来表达自己的政治利益和愿望,而在最能体现民主的选举党的领袖和其他候选人的问题上没有实质性的权利。

随着全球化、信息化的深入发展,新科技革命催生出了庞大的中间阶层。这些人有着更为强烈的自我实现愿望和更为强烈的民主化要求,如果这些愿望和要求得不到实现,他们就很难给该党投赞成票。显然,社会民主党建立的少数精英垄断国家政治制度的官僚体制是不符合中产阶级要求的。此外,在知识经济时代,人民的素质普遍得以提高。他们独立性强,相应的民主意识和参政意识也较以往更为强烈。各类民间组织也希

① 参见俞可平:《中国治理评估框架》,载《经济社会体制比较》2009 年第 2 期。

望能够更多地参与政府决策，承担政府的某些职能，使政府的决策更加高明、透明和负责。因此，党需要拓宽政治参与渠道，使民众能够更好地、更快捷地表达自身的政治愿望和要求。

四、特殊的政党文化使社会民主党天然具有变革的倾向

政党文化是由政党意识形态及其宣扬的价值观念、政党成员共同的政治取向以及由此决定的政党形象等内容构成的政党的精神结构。社会民主党是政党文化结构较为复杂的政党。

（一）政党意识形态基础的多元化

社会民主党的意识形态是社会民主主义。一战后，为了区别于共产党的社会主义，社会民主党将社会民主主义改为民主社会主义；“冷战”后，为了区别于现实社会主义，很多社会民主党又将民主社会主义改回了社会民主主义。社会民主主义或民主社会主义是一种将近代西方自由主义和社会主义的传统结合起来的改良主义思想体系。它主张既要争取和扩大传统自由民主主义在政治上的成果，又要用改良的手段来解决资本主义自身的很多问题。但它没有统一的理论基础和指导思想，其思想主要来源于自由主义、马克思主义和宗教教义：“欧洲社会的民主社会主义思想渊源来自于基督教、人道主义哲学、启蒙主义思想、马克思的历史和社会学说以及工人运动的经验。”[①]如此复杂的理论基础使其在发展过程中不断变化，曾经分化产生出了共产党和绿党。总之，多元化的理论基础使社会民主党没有稳固的理论根基，当面临外来压力时，社会民主党便极易发生变革。

（二）政党价值体系的包容性

自由、公正和团结互助是民主社会主义的基本价值。“自由、公正和团结互助，即从共同紧密联系中产生的相互义务，这些都是民主社会主义

① 张世鹏：《德国社会民主党纲领汇编》，北京大学出版社2005年版，第93页。

意愿的基本价值。"[①]虽然社会民主党赋予这些基本价值不同于自由主义的一些特质性内涵,如只有减少"没有道理的社会不平等"才能真正实现平等原则,自由必须包含享受那些使行动成为可能的社会物品的权利等等,但是这些概念本身是没有党派色彩的、十分中立的概念,具有很大的包容性。如《德国社会民主党党章》中所言:"德国社会民主党是一个民主的人民党,它联合具有不同信仰和思想倾向的人们,只要他们承认和平、自由公正和互助,承认男性和女性之间的社会平等和自然环境。"[②]这种价值体系的设定将很多人包含在内,为社会民主党的变革提供了很大的发展空间。事实上,人们也很难区分不同政党政治价值的根本区别,而往往只是从字面上理解和阐释这些概念,这就很容易模糊社会民主党的派别色彩,使其被认为是一个趋向于中间的政党。

社会民主党的这些特殊的政党文化特色,使党在其发展的历史上为了适应时代发展的要求,总是以变革政党的形象存在。社会民主党也一直强调自己锐意变革的倾向:"社会党是一个社会变革的党。"[③]在这种政党文化氛围的影响下,欧洲社会民主党在二战后实现了阶级党向大众党的转变。"冷战"后,社会民主党又提出第三条道路理论,即在保持基本价值观不变的前提下变革党自身。

综上所述,社会民主党组织的变革不是偶然的,是在国际国内大背景下完善自身的结果,是社会民主党为了摆脱困境、实现党的复兴而做出的重大战略选择,是在时代背景已经发生改变的前提下必须要走的道路:"所有的社会党都在寻求增长、生产率的增加和景气的资本主义经济。它们都解释它们必须放弃老政策,不是因为它们丧失了自己的价值——没有党将会承认那个——而是因为世界的变化:有一个全球性的经济,妇女参加工作,工人阶级消失了,共产主义不再存在以及互联网的出现。"[④]

---

① 张世鹏:《德国社会民主党纲领汇编》,北京大学出版社 2005 年版,第 70 页。

② 王学东译:《德国社会民主党章程》,载《当代世界社会主义问题》2002 年第 4 期。

③ 陈露译:《法国社会党的原则声明和章程》,载《当代世界社会主义问题》2002 年第 2 期。

④ Donald Sassoon, "Shared Conviction," *Fabian Review*, Volume 111, No. 4, Winter 1999.

第三章 当代欧洲社会民主党组织变革的内容

社会民主党是欧洲政坛上一支举足轻重的重要力量。但苏联解体、东欧剧变作为世界政治史上的一次大地震，不仅使世界社会主义运动遭受到巨大挫折，而且也使社会民主主义面临了一次大的冲击。社会主义的形象在国际社会一落千丈，欧洲各国社会民主党纷纷下台，党的影响力大大下降，而且其组织上也变得松散，党员人数也急剧减少。到了20世纪90年代初，各种因素的积聚使欧洲社会民主党的政治影响力降到二战以来的最低点。社会民主党在欧洲政坛全线溃退，在各国普遍失去政权。

面对这种危机，社会民主党人进行了深刻的反思，并逐步认识到党必须努力用党自身的变化来适应客观条件的变化，正如斯蒂文·派杰特和威廉·帕特森所说的那样："假如社会民主党在选举人的再结盟方面、纲领的定义方面和组织的再建构方面能更默契地、灵活地处理问题，重新执政这个账单迟早会兑现。而从长远的角度来看，社会民主党如果要把自己表现为入主政府的潜在政党，就必须完成这些任务。"[①]而在这些任务中，党首先需要完成的是使自己的组织更有吸引力，以赢得选民的信任。

党的领袖们也认识到，社会民主党组织上的缺陷极大地阻碍了党前

---

① ［英］佩里·安德森、帕屈克·卡米勒主编：《西方左派图绘》，江苏人民出版社2002年版，第46页。

进的脚步,党的组织已不能适应时代发展的需要。如英国工党领袖布莱尔认为,工党组织上分散、纷争、分裂以及基础狭窄是其竞争不过对手的一个重要原因。[①] 社会民主党要想有大的发展,首先需要排除组织上的障碍,"一个政党有没有变革愿望和能力,以及变革的方向和形式都与组织制度有着密切的关系"[②]。因此,为了增强党组织的凝聚力和号召力,为了更好地发挥党的作用,"冷战"后的社会民主党痛定思痛,在锐意改革的党的新生代领袖的领导下,对社会民主主义重新调整和定位,对党的组织进行了系统的改革和完善,寻求政党组织发展的新路径。

第一节　组织类型:大众党特征减弱,全方位党特征突出

学者们对党的组织类型有各种各样的界定,也提出了诸如精英型政党、核心型政党、卡特尔政党等很多新的概念,但从总体上来看,包括社会民主党在内的西方政党基本上还是大众党和全方位党两种类型。大众党也称"群众党",其主要特征是:政党组织严密;党员的权利和义务比较明确;地方层面上党的组织不断扩大,党的基层组织和中央共同居于主导地位。全方位党的主要特征是:政党的意识形态不断被弱化;政党之间在原则问题上的对立和分歧逐渐消失;政党纲领对各阶级和阶层的包容性逐渐扩大;政党领导人的影响进一步扩大,而基层党员个人的作用不断下降。[③] 从大众党向全方位党转变的主要变化体现在:(1)减少党的意识形态包袱。(2)进一步加强高层领导圈的作用。(3)降低党的个人成员的作用。(4)减少对受保护阶级即特定的社会阶级或宗派代表的强调,而寻求更大范围的选民支持。(5)确保接近各种利益集团的渠道,主要是为了通

---

① 参见王学东、陈林:《九十年代西欧社会民主主义的变革》,中央编译出版社1999年版,第62页。

② 王凤鸣:《"新工党"新在何处?》,载《当代世界与社会主义》2002年第5期。

③ 参见王勇兵:《西方政党变革与转型理论初探》,载《经济社会体制比较》2004年第6期。

过利益集团的调解确保获得选民的支持。[①]

“冷战”后，欧洲各国的后工业社会特征更加突出，各国普遍进入转型期，社会民主党的组织类型也处在不断变化发展当中。虽然各国的具体情况有所不同，但从总体上来看，社会民主党在组织类型上正在从大众党向全方位党转变，主要表现在：逐渐放弃过去旨在使党员群众知识化和道德化的努力，削弱或放弃意识形态，呼吁利益组织的支持，强调领袖的质量，寻求超阶级的支持，把注意力更多地放在选票箱上，为争取更多的选民而总是根据选民的要求制定政策和纲领，同时为了使选举更有效率而更多地依靠专业的选举组织和各种群众组织，基层组织和普通党员的作用大为降低。总之，“冷战”后，社会民主党的大众党特征越来越弱，全方位党特征逐渐凸显。

英国工党是大众型政党向全方位党转变的典型代表。工党曾经是传统的大众型政党，长期以来一直被工会所控制，政党组织严密，阶级基础单一。但这种组织特征在“冷战”后极大地束缚了工党发展的手脚，党所实行的政策也一度因“过左”而吓跑了中间阶层。为此，工党曾长期处于在野状态。为了改变这种状况，“冷战”后，工党逐渐向全方位党转变，不再刻意强调党的意识形态基础和工人阶级色彩，将获得选举胜利作为党的目标，并改变工党的排他性，向社会全面开放，大量吸收各阶层的先进分子入党。党的领袖布莱尔也大力呼吁跨阶级合作，摒弃阶级政治，宣称为全体人民利益说话。这就使原有的工人阶级色彩逐渐淡化，工党不再是工会的党。在政策的制定上，工党也不再侧重于工人阶级的利益，而是根据选举需要和实际需要来制定政策，以争取更多选民的支持。实际上，近些年来，英国工党和保守党的政策逐渐趋同，布莱尔的很多政策都是撒切尔夫人政策的延续，两党在根本原则上的对立逐渐消失，只是侧重点有所不同而已。此外，随着选举运动的专业化发展，中央级的权力机制可以

---

① Otto Kirchheimer, “The Catch-all Party”, *The West European Party System*, edited by Peter Mair, Oxford University Press, 1990, pp. 50-60.

通过现代化的大众传媒直接与基层的组织和群众接触，中央组织尤其是领袖的权力就会大大加强，地方组织的权力则被逐渐削弱。总之，工党的种种特征显示，工党正逐渐从大众党变为全方位党。

德国社会民主党的意识形态色彩和工人阶级特色也十分浓厚。在1983年和1987年连续两次大选失败后，面对中产阶级队伍的壮大和其内部结构的变化，德国社会民主党开始疏离工人阶级，实施面向中间派的重新定位，大力拓展其阶级基础和社会基础，使党成为中间阶级的政治议程代表。以施罗德为代表的党内改革派更是主张将党从“纲领党”变为“选举党”，即党要淡化其浓厚的意识形态色彩，将赢得大选的胜利作为党当前工作的重点，吸收一切可以支持党的力量，实现其主要依靠力量由工人阶级向中间阶级的转移。为了增加在大选中的胜算，德国社会民主党还破格提拔了媒体魅力更佳的施罗德担任党的领袖，在选举中为党赢得大选不遗余力，在选举中也更注重媒体的重要作用，普通党员的作用不再突出。其后两次大选的胜利更是坚定了党继续依靠中产阶级的决心。2003年，威斯巴登会议上宣布的一个全面的中产阶级纲领，要求把支持中产阶级作为经济政策的重点，使党最终成为一个以中产阶级为主要依靠力量，同时兼顾其他阶层利益需求的全方位党。

瑞典社会民主党在短期内还很难摆脱传统政治的束缚，向全方位党的转变远没有像英国工党和德国社会民主党那样明显和彻底。但是“冷战”后，在社会主义集体衰退的国际大背景下，长期执政的瑞典社会民主党也出人意料地下台。为了重新上台执政，瑞典社会民主党也进一步扩大党的阶级基础，淡化党的意识形态色彩，开展各种活动。动员选民支持党的纲领，把原来代表社会中下层的党变为人民的党，要建成“人民之家”，实行以社会合作和社会妥协为基本特征的政策，与社会各阶层达成共识，全心致力于党的选举工作，以赢得民众们的广泛支持。瑞典史学界将其称为“历史性的妥协”。

荷兰工党在20世纪90年代也逐步削弱了地方支部和党委员会的作用，加强了精英在党组织中的重要作用。大批具有自由主义色彩的人进入议会，强化了高层领导的作用。由此一来，荷兰工党全方位党的特征逐渐凸显。

总之，成为全方位党，采取各种措施争取选民最大化，是 20 世纪 80 年代后欧洲社会民主党组织类型变化的主要趋势。

第二节　组织基础：淡化阶级色彩，向中产阶级靠拢

政党是作为维护特定阶级、阶层或集团利益的政治组织而存在和发展的，其发挥作用的社会基础是阶级、阶层或特定利益集团。但这个基础随着社会的发展也会不断发生变化。政党只有不断改革自身，以适应这种变化，才能争取到稳固的阶级支持力量，进而赢得或巩固自己的执政地位。"冷战"后，全球化和信息化的发展使产业结构和就业结构发生了巨大变迁，阶级、阶层和利益群体重新分化组合，各主要政党赖以存在的社会基础随之发生改变。社会民主党亦是如此，其原有的工人阶级基础被削弱，仅靠工人阶级的支持已无法保证其执政地位。因此，为了赢得更多的选民支持，党必须淡化自己的阶级政党特色，重新定位自身的组织基础。

一、疏远与工会的关系，淡化党的阶级色彩

社会民主党与工会的渊源颇深，其诞生、发展及二战后能得以上台执政都离不开工会的支持。自成立 100 多年来，工会一直是其坚强的支柱和稳固的后盾。社会民主党主要是借助工会的力量得以发展壮大并取得执政地位，也一直把罢工和大规模的群众示威作为向右翼施加压力的重要政治手段。党的政治理念和政策框架也一直与工人阶级的基本要求相适应，工会也通过支持社会民主党执政来维护自己的利益。工党与工会在长期的合作中形成了组织上相互渗透、政治上相互协商的密切关系。但二者毕竟是功能和目标都不同的两大组织：社会民主党从全局出发，要综合考虑社会发展和经济增长的各种问题；而工会作为工人阶级的代表，

只考虑工人生活是否稳定和工资是否增长。当工会的目标与社会民主党的目标发生冲突时，工会会首先考虑自己的目标，甚至不惜采用对抗的态度反对社会民主党的政策。这种分歧与矛盾在"冷战"后进一步激化，因为欧洲社会不仅税率较高，更重要的是工会的力量十分强大，劳动力成本居高不下。因此，随着全球化和信息化的进一步加速，跨国公司为降低生产成本，将投资大量向海外转移，使资本流向劳动力成本低、税率也较低的发展中国家和地区。为了留住跨国公司在本国发展，社会民主党要求工会限制工资的增长并容忍一定的失业率，但这一做法遭到了工会的激烈反对。此外，新兴的中产阶级对于加入工会也不像传统的产业工人那样感兴趣，社会民主党要想通过制定符合中产阶级利益的政策赢得更多中产阶级的支持以上台执政，必须首先摆脱工会的束缚。

(一)削弱工会的权力，扩大党的影响

在欧洲社会民主党的执政历史上，工会几乎成为其成败的决定性力量，在党内拥有相当大的权力。因此，社会民主党疏远工会是从削弱其权力入手的。

英国工党的"工会党"特征最为明显。"工会党"从诞生之日起就与工会存在着千丝万缕的联系——工会成员以集体的名义入党，工党年会中90%的投票权都被工会代表所控制。因此，削弱工会的权力首先就要限制其投票权。1990年，工党将工会控制的投票额削减了20%，将其降至70%，后来又通过"一人一票制"赋予工人党员个人投票自由；1993年，工党大会上通过的决议，决定工会和选区工党在领袖选举和议会候选人选举时实行"一人一票制"，而且工会集体党员只有成为个人党员后才能参加投票；领袖选举团的比例也改为议会工党、工会和选区工党各占1/3，大会还取消了工会的"强迫入会制"。[①] 这就极大地削弱了工会对选举的控制，结束了工会集体党员左右工党人事的传统。1993年，工党还废除了有关集体党员的规定，并将这一部分党员通过手续成为个人党员，与工

① 参见杨雪东等:《"第三条道路"与新的理论》，社会科学文献出版社2000年版，第143页。

会拉开了距离。1995年5月，工党又通过决议，规定工会在工党年会上的投票权由原来的70%降至50%[①]，还取消了工会在决策和人事方面的特权，最终打破了一个世纪以来工党的以工会为主体的权力结构。正如布莱尔所说："工党是一个工商党——那种认为保守党是工商党，而工党是工会党的看法是完全过时了。"[②]如今，工党对工会态度的转变更是十分彻底："现在工会的意见应当被听取，雇主们的意见也一样，但无论哪一方都不能左右工党及其政策，我们力图代表整个国家进行治理，我们提倡以理服人，反对乱提要求。"[③]总之，工会的权力在"冷战"后被极大地削弱了。工党目前已经基本脱离了工会的控制，自主权大大增强。布莱尔甚至要求工会服从工党政府，否则就与其断绝关系。

德国社会民主党与工会的关系与英国工党相比较为独立。在德国，党与工会是完全独立的两个机构，社会民主党只能通过自己的党员对工会施加影响。但德国社会民主党也一直强调自己的工人阶级代表身份，与工会长期保持着密切的非官方联系，也建立了一整套的劳工权利和福利措施。有组织的劳工拥有直接参与劳资谈判的能力，对政治也能产生相当大的影响。到20世纪70年代末期，仍然有60%左右的党员属于工会。"冷战"后，德国社会民主党为赢得广大中产阶级的支持，也加快实现工会的现代化改革，有意削弱工会的作用。如《劳动法》中的"工作理事会"制度，规定由该理事会负责处理雇员在工作层面的所有劳动关系事务，工人们无需参加工会就能基本处理所遇到的各种劳资问题。此外，德国社会民主党还将其工会的集体谈判制也向外延伸，规定普通雇员也可从中受益。这就进一步减弱了工人们加入工会的愿望，工会作为工人代言人的身份特征不再突出。施罗德执政后，更是大刀阔斧地进行削减社会福利的改革。这一做法加快了疏远工会的步伐，使长期以来一直舒适

---

① 参见金重远：《战后西欧社会党》，上海人民出版社1997年版，第40页。

② 转引自钱乘旦等：《日落斜阳》，华东师范大学出版社1999年版，第95页。

③ 刘建飞、王凤鸣等：《英国新任首相——托尼·布莱尔》，北方文艺出版社1997年版，第60页。

地享受社会保障的人们十分难以接受。工会作为他们利益的代表者,坚决反对一切削减社会福利的改革,并且提出了与社会民主党有极大不同的纲领,使社会民主党的改革遇到了难以克服的阻力,双方的矛盾斗争激化:"自第二次世界大战以来,社会民主党和工会的关系,从来没有像现在这样困难重重。"[①]德国社会民主党和工会难以维系传统的历史性联盟。

瑞典社会民主党与英国工党一样,沿袭了工会成员集体入党的传统做法,与工会结成紧密的联盟,这是其取得执政地位的重要基础。党作为工会代理人的特征也十分突出。工会联盟是瑞典最重要的劳动组织,是社会民主党组织力量的主要源泉,瑞典能够执政60多年也与工会的支持密不可分。党还把分布全国的工人俱乐部统一掌握起来,使其成为整合社会力量的强大武器。社会民主党与工会联盟的高层领导也一直实行相互兼任职务的办法,全国80%左右的雇员也都参加了总工会。但在"冷战"结束之后,面对严重的下野危机和严峻的选举形势,瑞典社会民主党意识到,要想赢得选举的胜利就必须成为兼容性政党。为此,党不得不与工会拉开距离。同时,为了争取庞大的中产阶级的支持,瑞典社会民主党在1990年取消了工会集体党员制,实行个人党员年度登记制,也因此制约了工会在党内的作用。此外,瑞典社会民主党在具体政策上也与工会发生了各种矛盾:由于瑞典的高福利政策成为其沉重的负担,社会民主党采取了紧缩货币、削减福利政策和税收等方面的改革,损害了中下层群众的利益,引起了他们的强烈不满,工人们开始罢工。1990年,社会民主党强制性地禁止工人罢工,导致工人党员大量退党,双方关系恶化。

(二)倡导跨阶级支持,减少对工会的依赖

长期合作的关系使社会民主党对工会存在着很大的依赖性,因此,党必须首先独立出来,寻求更广泛的社会支持才能摆脱工会的控制,即社会民主党必须对自己的组织基础作出相应的调整:"社会民主党必须在社会

---

① Klaus Lang, "The Agenda 2010 is the result of a lack of courage," *Fmnkfurter Rundschau*, May 21, 2003.

心态已部分地发生重大变化的情况下仍旧在不同的社会群体和集团之间缔结能争得多数的联盟，并使社会民主党的政策与这些联盟的利益和价值接轨。”[①]为此，社会民主党实行“团结与开放”的政策，在代表本阶级利益的同时，协调全社会的利益：“仅仅以工人阶级为对象的社会主义纲领，在一个已发生社会分化、工人在其中不占社会多数的社会里是没有成功希望的。社会主义纲领必须考虑到更加广泛的各阶层的利益……民主社会主义的政党必须是人民党。”[②]其中，社会民主党极力拉拢以新中间阶层为代表的中间势力，把争取中间阶层这一多数群体的支持作为重要任务来抓。

工会是英国工党政党选举和政治决策的重要支持力量。工党的选票大部分来自工会，工会的组织是工党基层组织的主要组成部分，因此工党的传统政策也更注重增强工会的力量和增加工人的工资，工会也因此总是通过激进的罢工运动逼迫工党实行对工会有利的政策。为改变这种共生共存的状态，工党在“冷战”后积极寻求其他阶级、阶层的支持，以减少对工会的依赖。1995 年，在工党在费边社召开的“纪念 1945 年大选胜利 50 周年”大会上，布莱尔号召：“工党不应只是工人阶级的党，而要成为一个开放的党，一个成员包括私营业主和无产者、小商人及其顾客、经营者和工人、有房者、住公房者、熟练的工程师以及高明的医生和教师的党。”[③]公开呼吁跨阶级的广泛社会支持。在党的经费问题上，工党也极力摆脱工会的束缚，转而吸收企业和个人的政治捐款，从多种渠道筹集活动资金以减少对工会的依赖。目前工会捐款在党的基金比重中已从 20 世纪 90 年代初的 90%降至 1/3 左右。

德国社会民主党长期在野的现实使其逐渐明白，党不能仅仅只是工人阶级的党，也应当是一个民主的人民党，是全体人民的党，广泛的阶级

① [德]托马斯·迈尔：《社会民主主义的转型——走向 21 世纪的社会民主党》，殷叙彝译，北京大学出版社 2001 年版，第 62 页。

② [德]托马斯·迈尔：《社会民主主义导论》，中央编译出版社 1996 年版，第 81 页。

③ 转引自王学东、陈林：《九十年代西欧社会民主主义的变革》，中央编译出版社 1999 年版，第 61 页。

合作和支持是其继续前进的基础，强调党要得到众多社会群体的支持，要组建一个“在社会和文化上更加复杂、多元化的公民联盟”。在这个联盟中，不管其属于工人阶级、中产阶级还是小私有者，也不论他是教师、医生、律师还是资产者，只要是赞同和拥护党的纲领和政策者，都可以成为党的一员。

法国社会党在“冷战”后宣布，党将由“工人阶级的先锋队党”变为群众性的党、跨阶级的党，是新的联盟政党。为此，法国社会党提出了“新阶级联盟”战略，即要建立一个以中产阶级为中坚，包括平民阶级和“被社会排斥者”在内的新阶级联盟。在 2002 年的大选中，法国社会党宣布，党要成为向所有社会群体开放的人民党，应与各种愿意参与党的政治活动的人们进行广泛的合作。

瑞典社会民主党与欧洲其他国家的社会民主党相比，更加重视阶级合作，全民党特质更为突出一些。它宣称自己是超越各阶层和集团的全民党、环境党和女权主义的党，突出强调自己的“全民代表”立场，强调党不是站在工人阶级的立场上，而是从全民的利益出发来制定政策的，认为自己不仅是工人阶级的代表，也是全民的代表；不仅代表工会的利益，还必须兼顾其他各方的利益。也就是说，社会民主党在维护工会集团利益的同时，也意识到自己对国家、社会和经济发展的总体责任。[①] 其纲领也不再提为工人阶级谋福利，转而强调权力向广大人民转移。

脱胎于意大利共产党的意大利左翼民主党在改建过程中，对党与工会的关系广泛征求社会各方意见和建议，反复权衡后最终决定，与工会拉开距离，降低工会领导人的地位，加强与企业界的联系，大力吸收其他社会阶层的代表入党，全方位寻求社会支持。为了赢得选举，取得执政地位，左翼民主党利用意大利政坛因腐败案而引起的政治变革契机，组建了一个八个政党参加的进步联盟。这实际上就是一个选举联盟，在联盟中，各党都为了与其他政党的密切合作而消弭自身的组织特色。1994 年选

① 参见向文华：《斯堪德纳维亚民主社会主义研究》，中央编译出版社 1999 年版，第 108 页。

举失败后，党的新任总书记达莱马为了赢得更广泛的社会支持，不顾左派的反对，发动了向中间阶级靠拢的“自由革命”。1995 年，达莱马更是明确提出要联合除右翼之外的一切可以联合的力量，并将“进步联盟”更名为“橄榄树联盟”，使其更具中间色彩。

总之，“冷战”后，“在工人运动中曾经被看作是同一运动的政治和经济两翼的党与工会的关系，已经毫无例外地被削弱、被侵蚀了”①。社会民主党与工会的关系不可能回到从前。工会应当学会在民主的社会中作为工人的代言人而不是党的代言人找准自己的位置，应当意识到社会民主党已经基本完成了从主要依靠工会向依靠社会的转变。

二、重构社会基础，走向“中间化”

“冷战”后，中产阶级逐渐代替工人阶级，成为社会发展的主体。各党要想上台执政，就必须寻求中产阶级的支持。社会民主党也意识到，党长期难以重新上台执政与党的组织基础狭窄、难以得到中间阶层的支持密切相关。为此，“冷战”后的社会民主党重构其阶级基础，大力向中产阶级靠拢。

（一）大力吸收中产阶级入党

工人党员一直是社会民主党的主体。但随着全球化和信息化的深入发展，产业结构的急剧变迁，工人阶级人数大量减少，影响力也迅速下降，已无法构成党稳固的执政根基。在这种变化了的情况下，党的主体也应随之发生变化，固守原有的原则只能使党失去选民。即社会民主党要想赢得执政地位，获取更多选民的支持，必须要淡化阶级色彩。党不能只代表一个、一种社会组织的利益，而要代表全社会的利益，认识到劳工组织只是众多利益集团中的一个，要把原来封闭的、排他的党变为开放的、包容的党，放宽入党条件，大力吸收中产阶级入党，并使其成为党的中坚领

① Taylor, “Trade unions and the politics of Social Democratic renewal,” *West European Politics*, 16, 2003.

导力量。

英国工党是在65个工会组织和3个社会主义团体的基础上联合成立的。1918年以前，工党不吸收个人党员，只有工会会员才能入党；20世纪上半期，英国工业的迅速发展使产业工人队伍迅速壮大，也十分有利于工党的发展；但20世纪下半期，工人阶级队伍的萎缩使党员人数大大减少。工人阶级政党的形象极大地影响了党的进一步发展，为此，工党不得不在20世纪80年代又重提60年代提出的工党要脱掉"布帽"形象，确立"人民党"身份的主张。英国首相布莱尔也一再表示，工党不应仅仅是工人阶级的党，而应成为一个开放的党。因此，从1993年开始，工党不仅取消了工会的集体入党制，还从社会上大量吸收个人党员。1993年，工党的个人党员为31万，到1997年大选时达到了40.5万。工党个人党员数量仅仅在三年多的时间里就增加了30%[①]，其中有相当一部分人是中间阶层。

德国社会民主党一直把自己看作马克思主义遗产的正宗继承者，是工人阶级的政党，但连续三次大选的败北使党明白，大力吸收中产阶级入党已经刻不容缓。为此，德国社会民主党1989年制定的《柏林纲领》刻意迎合了新中间阶层的心理，强调"党内的组织和机构设置要反映社会结构的变化"。为反映社会的多样性，党有责任扩大自己的代表性，理论上要寻找与新社会运动的共同点，行动上要积极寻求与各阶级的合作，争取广泛的社会支持，即德国社会民主党为争取更多的选民，要大力吸收中产阶级入党。此后，党放宽了入党的条件，将大批的中产阶级和中间阶层人士吸收到党的队伍中来。但非常可惜的是，这次改革也没有改变社会民主党在1994年大选中的命运。此后上台的领导人沙尔平呼吁对党进行更深入的改革，他认为："社民党必须从根本上改革纲领，通过更加团结来改善对外形象，而且首先必须对中产阶级具有吸引力。"[②]进一步强调了党

① Dennis Kavanagh, *British Politics—Continuities and Change*, Oxford University Press, 2000.

② 伍慧萍摘译:《Die Well》，转引自《德国快讯》1995年第1期。

对中产阶级的重视。

法国社会党原是欧洲社会民主党中入党门槛较高、入党限制较多的党，在“冷战”后也倾向于将党建设成为“跨阶级的政党”，极力迎合中产阶级的利益，取消了在入党方面的种种限制，简化了入党手续，还专门设立了负责发展党员工作的全国书记，以吸引更多的人参加党的组织，参与党的各项活动。

瑞典社会民主党为了争取中小资产阶级选民，逐渐放弃了自己工人阶级政党的传统立场，模糊了其工人政党的身份，从社会上大量吸收党员，尤其是其中拥有一定社会基础和社会地位的中产阶级。社会民主党还宣称是女权主义的政党，是一个为所有拥有社会民主主义价值的人建立起来的党，其目的是要把社会民主党建成一个跨阶级与集团利益的多元化现代政党。

在社会民主党大力吸收中产阶级党员的状况下，党员构成发生了重大变化：工人阶级党员比例大幅下降，中产阶级党员比例迅速上升。如1952年，德国社会民主党52%的党员是工人出身，23%是雇员和行政人员，但是到了1966年，工人的比例下降到49%，1977年下降到37%，1991年和1996年又分别下降到34%和35%；而白领阶层则从1952年的23%增加到1966年的42%和1977年的45%，1991年和1996年又分别增加到49%和60%。瑞典社会民主党亦是如此，社会民主党内虽然仍然有大量的工人阶级，但是在逐步减少：1980年工人阶级的比重为80%，1985年为65%，1994年仅为49%，而中产阶级比例则逐渐上升，从1960年的15%增加到1970年的21%、1985年的30%以及1990年的44%。[①]

（二）实行向中产阶级倾斜的政策

“冷战”后，中产阶级已经取代工人阶级，成为社会结构的主体。社会民主党的政策如果仍然以工人阶级为主，仍然完全依靠不足人口总数

---

① 参见史志钦：《全球化与欧洲社会民主党的转型》，中央编译出版社2007年版，第238～239页。

10%的产业工人支持，就无法赢得中间阶层的支持，也不适应时代发展的要求，也可能永远无法上台执政。即社会民主党要上台执政必须得到中产阶级的支持，而要得到中间阶层的支持就必须赋予其看得到的利益。为此，"冷战"后，欧洲社会民主党调整战略，由实行倾向于工人阶级的政策变为实行侧重于中产阶级的政策：在政治上，坚持权力下放和自治管理的原则，团结各种政治力量；在经济上，实行积极的福利政策，促进经济增长，保持社会稳定发展。此外，社会民主党开始关注生态、裁军、女权和移民等多个中间阶层所关注的重要问题，以博取中产阶级的好感，争取中间阶层的支持。

英国工党过去的政策就是因为"过左"而吓跑了广大的中间阶层，导致长期在野。"冷战"后，工党转换工作重心，以中产阶级为主制定相关政策，以拉拢这部分庞大的社会群体支持工党。事实上，布莱尔领导的工党能够在大选中获胜的重要原因，就在于争取到了中间阶层的支持。1997年，重新上台执政的工党政府直接宣称工党不再是工会党，而是"全民党"，甚至是"商业界和企业界的党"，其纲领和政策也试图代表各阶层的利益，尤其是中间阶层的利益。此外，工党大量吸收实业界人士为政策顾问，广泛吸收他们的意见和建议，制定更加温和的政策，实际上几乎保留了保守党的所有政策。很多左派人士认为，布莱尔的政策和保守党已经没有多少区别了。在2001年继续执政后，工党也没有进行重大调整，这使工会的怨言越积越深。

德国社会民主党1983年、1987年和1990年连续三次大选的败北使他们认识到，不迎合新的社会主体——中产阶级的要求而上台执政是十分困难的，党主要探究的问题不能再是如何对待传统的产业工人，而是如何吸引越来越庞大的、具有后物质主义色彩的新中间阶层。为此，德国社会民主党在政策上实行"立足中间，兼顾两头"的原则：一方面极力减少工会对其积极福利改革的消极影响，力图摆脱向传统左派和社会中下层劳动人民利益倾斜的各项政策；另一方面提出向资方倾斜的各种政策，如减少税收、降低劳动成本、营造宽松的投资环境吸引外资等等，还增加了男女平等、环境保护和公民政治参与等中产阶级关心的新内容。这些政策的实行使其赢得了中产阶级的广泛支持，在随后的1998年和2002年大选中，德国社会民主党在更多中产阶级的支持下顺利执政。2003年1月，德国社会民主党主席团会议通过了2003年度的具体纲领和《威斯巴登声明》，宣布了一个全面的中产阶级纲领，明确提出“中产阶级是德国经济的发动机”，并提出了很多具体的政策支持中产阶级以促进德国经济发展，包括“资助初创企业和最小企业；为中产阶级提供资金的保障；减少官僚主义的样板计划；职业培训现代化和对职业培训岗位的资助；一个创新的中产阶级和对外经济斗争等”。[①] 总之，如今的德国社会民主党实行全面向中产阶级倾斜的政策，基本上实现了阶级基础由工人阶级向中产阶级的转变。

总之，从社会民主党的组织基础来看，工人阶级在党的政治议程中的中心地位正在逐渐被中间阶层所取代。现在的社会民主党奉行倾向于中产阶级的政策，其党员基础的“非无产阶级化”特征十分明显，选民中的工人阶级特征也正在逐渐消失，凝聚力也在日益弱化，工人阶级与一般民众也很难区分开来。而在党的高层领导队伍中，中产阶级的力量也变得越来越重要。在未来的欧洲社会，工会会逐渐淡出政治舞台，工人在政治生活中的影响会逐渐降低，中产阶级将成为政治力量的中心。

第三节　组织运作：成员作用减少，媒体作用突出

传统的社会民主主义政党，尤其是欧洲大陆的社会民主党是一种“成员党”。党的运作在组织上依赖其积极分子的活动，人们之间也通过口耳相传的宣传来了解党的相关政策。这种组织运作方式需要花费许多时间将数以千计的地方协会、忠诚的官员与党的上层联系起来，甚至要花更多

---

① 张文红编译：《德国社会民主党的新中产阶级纲领》，载《当代世界与社会主义》2003年第2期。

的时间把他们相互之间真正连接起来。[①]

在全球化、信息化时代，由于交通和通信工具的迅速发展和广泛使用，人与人之间的交流变得更为便利、快捷，时间与地点的界限也被打破，无需众多的党员积极分子自上而下传达党的政策或自下而上传递民意。如今，执政党与媒体之间关系日益密切，已经形成一种相互依赖的关系：一方面，执政党给媒体提供向公众传递的信息，以便民众及时了解；另一方面，媒体发布公众信息向执政党反馈，以便执政党及时应对。[②] 媒体在很大程度上已经成为政党选举和执政的便利工具，尤其是在信息技术相当发达的欧洲社会，媒体的作用更为突出，那些只会搞经济而不会恰当利用媒体的政党也有可能在选举中失败。如法国社会党 1997 年上台后在经济发展方面卓有成效，但在 2002 年的大选中却惨遭失败，其中，不能有效利用和控制媒体就是重要原因之一。为此，严重依赖党员人数取胜的社会民主党在组织运作上逐渐向媒体倾斜。

一、主动出击，变被动为主动，使媒体成为政党竞选的工具

现代选举是“说服艺术”的革命——普通民众往往以眼球吸引力取代政纲内容作为个人选择政党的考量标准，而领导者通常也通过博取媒体的青睐为选举助威。[③] 传统上围绕政党展开的选举政治从根本上发生了巨大变迁，正在从“人力密集型”竞选向“资金密集型”竞选过渡。从选举意义上说，党员人数的多少没有决定性的作用，而且众多观点和利益相左的党员在选举中反而会影响政党的选举运作，反而是那些能够熟悉媒体运作规律并能正确制定政党宣传策略的政党更有取胜的把握：“在现代选举中，（公民选择政府）理性选择的成分主要操纵在候选人人格和大众媒

---

① 参见裘援平、柴尚金、林德山：《当代社会民主主义与“第三条道路”》，当代世界出版社 2004 年版，第 218 页。

② 参见刘金东：《如何认识发达国家社会民主党的执政经验》，载《求实》2007 年第 12 期。

③ 参见张燮：《冷战后德国社会民主党执政方略与政策探析》，华中师范大学硕士学位论文，2005 年。

体的双因素中。”[①]要想选举获胜，政治形象有时甚至比政治理念更重要。因此，冷战后的社会民主党不再消极等待媒体的评判，而是主动采取措施，与各媒体密切合作，将其变为政党参与竞选的工具。

（一）选定充满魅力的领袖，为赢得大选奠定基础

为了尽可能多地争取到中间选民的支持，欧洲社会左、右翼政党都采取向中间阶级倾斜的政策。当人们无法分清党的施政纲领孰优孰劣时，更为直观的党的候选人的形象就显得格外重要。而现代传媒又能把党的领导人的作用无限扩大化，领袖可以绕过党员们通过传媒直接面对广大选民。在这种状况下，党魁的个人形象因更容易塑造和在短期内更能引起人们的关注而较易成为媒体的焦点。媒体可以通过铺天盖地的信息迅速地炒作出政治家的社会声望，媒体形象设计较为成功的政党候选人也相对能够赢得更多的选民支持。因此，如何利用媒体来塑造社会民主党的新形象也就成为党的重要课题。

在现代选举中，浮动选民大量增加，选民们的个人偏好有时甚至会直接决定着选票的投向，即或许他们对某政党的党纲和施政方针毫无兴趣，但是只因为党的领袖十分有魅力，他们就有可能投票支持该党。很多投票人的选举行为都是一时的短期行为。此外，在现代选举中，候选人无法藏在幕后，而是必须要走到台前，要直接面对选民。领袖们更多依赖公共的机构而不是成员们的努力宣传去参加竞选。候选人们不仅要进行全国性的巡回演讲，还要经常召开记者招待会，在电视和广播里向选民作出宣传和解释，还要同其他的候选人进行电视辩论活动等等，即领袖通过公开的媒体工具直接向普通党员们发出号召。媒体与选民建立的直接联系已经逐渐取代了选民与政党组织之间建立的那种传统的意识形态认同和相互信任关系。在这种情形下，一个充满魅力的候选人在竞选中至关重要。因此，社会民主党在政党领袖的选拔中，候选人是否具有媒体魅力就成为一条非常重要的标准。一个政治家“在镜头中的表现不能打动观众几乎

① ［美］迈克尔·罗斯金：《政治科学》，华夏出版社2001年版，第250页。

就不能当选”①。

英国工党在1992年的大选中已经有了很大的变化，提出的政策和展示的形象都很现代化。但是在大选期间，党的领袖金诺克缺乏理论素养且严肃性不足，这种缺少智慧和不庄重的形象使得部分选民们仍然无法相信工党。虽然工党此次大选落败有很多原因，但是与金诺克的个人形象不佳有很大关系。相反，工党能够赢得1997年的大选，和布莱尔的个人魅力密切相关。托马斯·迈尔在对1997年英国工党胜利的原因进行分析时，就将布莱尔的个人品格看作是取胜的重要因素之一。布莱尔风度翩翩，思维敏捷，决策果断，多才多艺，作风严谨……尤其是在面对广大选民时，能够平易近人，口若悬河。其年轻而又充满活力的形象也十分符合选民们当时求新图变的普遍心理，其锐意改革、开拓进取的精神也深得人心，因此迅速成为耀眼的政治明星，为工党争取到了相当多的尚未下定决心的选民。布莱尔的这次胜利是工党通过完美的媒体形象成功地进行推销的典型。工党以全新的、充满生机和活力的改革者形象走上竞选舞台，使利用媒体塑造政党形象和进行政治“推销”成为一门艺术。

同样，德国社会民主党也看到了领袖的个人魅力在竞选中的重要作用，而推选了虽然在党内威望不高但在选民中却具有很高威望的施罗德为党的候选人，虽然当时拉封丹更能代表党的纲领并得到了党内多数人的支持。事实证明，施罗德的个人魅力在德国社会民主党2002年、2005年的大选中也成为党的有力武器。他自信、亲切和幽默的政治家形象为社会民主党赢得了不少的选票。甚至在2002年社会民主党失败几乎已成定局的情况下，在几天之内他就把局面扭转了过来。尤其是在直接的电视辩论中，其大方自然、口若悬河的卓越才华显露无遗，施罗德也因此被称为“媒体总理”，他高效率地指挥着他的“媒体军团”连续两次赢得了大选的胜利。对于党的其他中高级干部，德国社会民主党也非常关注他们的媒体形象，并为提高他们与媒体打交道的“专业化水平”而设立了专

① 何军：《西方国家的政党与媒体关系分析》，载《当代世界与社会主义》2004年第4期。

门的培训机构；对于普通党员和各级干部，德国社会民主党也实施了庞大的党内培训计划，让他们都能掌握展示自己、宣传自己的社会交往的本领，使党成为政治交往意义上的新型党。[①]

（二）设立专门的竞选机构，为上台执政保驾护航

现代西方发达国家的选举专业化特征越来越明显，舆论对选票流向的影响力也越来越大，各党均承认："以阶级为背景的投票削弱了，而根据观点的投票增加了。"[②]欧洲社会民主党也面临着这种严峻形势，要想在大选中获胜，必须能够提出让选民们支持的观点，即现代选举需要切实了解民意。而党原有的各级组织认识到，尽快了解民意并整理上传是需要一个过程的，需要大量专业人员进行资本密集型的专业运作。在这种情况下，为了取得竞选的胜利，比起依靠党的积极分子们进行漫长的竞选宣传和民意搜集，直接诉诸选举专家和专门的选举机构要来得更快捷一些。此外，在现代选举活动中，很多选民对于候选人的形象、性格以及对突发事件的处理问题非常敏感，这就要求政党雇佣专门的人员、成立专门的机构来很好地处理这些敏感问题。总之，为了保证党的竞选活动更有效率，社会民主党建立了以领袖为中心，包括各种竞选专家在内的专门机构。

英国工党近些年来招募了大量政策研究人员、舆论分析专家、宣传策划人员、形象设计师等专业人员，为党的选举提供全面的服务，同时设立专门的机构来负责选举过程中的一切事务。1985 年，工党建立了一个专门负责与媒体打交道的"选举运动和联络委员会"以及"影子联络机构"，并把工党总部的研究部、竞选部和交流部合并为"单一开放计划办公室"。此举聚集了大批党务工作者、筹资专家等专业人员，为工党赢得选举出谋划策。工党还在全国成立了调查小组，负责收集选民提供的信息并进行分析整理，从而把握舆论走向，确定选举议题，并随时根据这些信息对党

① 参见殷叙彝：《德国社会民主党的组织问题》，载荣敬本、高新军编：《政党比较研究资料》，中央编译出版社 2002 年版，第 106 页。

② 陈林、林德山主编：《第三条道路：世纪之交的西方政治变革》，当代世界出版社 2000 年版，第 160 页。

的政策作出适合选民意愿的调整,同时利用 BBS 和电子邮件向党的各级组织及时发布竞选信息。1996 年,工党又设立了竞选总部,负责管理竞选时期的信息交流和民意测验。2000 年,工党又开发了一种新的信息系统,人们可以通过这个系统对党的各项方针政策提出批评,而党也可以运用这套系统对来自各行各业的批评作出回应,并阐明政府在很多重大问题上的立场。此外,在大选时,工党还建立了一个专门的竞选班子来为竞选出谋划策,制定和实施适应媒体社会的竞选方案。

二、灵活应对,改劣势为优势,使媒体成为政党活动的平台

在现代媒体社会中,通信技术、广播电视技术、计算机和互联网的迅速发展使信息传播的速度加快,周期变短,人们也逐渐把网络和报刊电视作为获取政治信息、参与政治活动的主要手段,尤其是互联网的广泛使用打破了时间和空间的限制,突破了原有的政党层级组织界限。因此,在赢得选举、获得执政地位之后,社会民主党也需要尽可能最大限度地利用大众传播媒介为党的执政服务。如今,互联网已经得到了党和民众的双向认同:党的很多传统事务都可以转移到互联网上去做,不需要通过党员们来进行政治动员和宣传也可以扩大党的影响;民众亦可以脱离政党组织的束缚,直接通过网络表达自己的政治愿望和要求,达成同样的政治目的。

(一)借助媒体中介宣传党的方针政策

媒体的高效性使其成为执政后的社会民主党的重要传播中介。党不仅将党的相关方针政策通过广播、电视、网络等大众传播媒介及时告知民众,也通过媒体直接面对基层和广大群众,通过电视演讲和召开记者招待会,解释党的施政纲领,宣传党的方针政策,使民众能够更直观地了解党的相关政策。

1997 年重新上台执政的英国工党的理论、纲领和政策被装饰一新,"现代性""新政治""新福利"等充满吸引力的名词通过媒体告知广大群众,使工党的全新的改革者形象被迅速树立起来。此外,工党还十分重视对新兴的大众传播媒介——互联网的利用。政府总部、各部委、各地方组

织均创建了党的网站，以此向公民提供党的相关政策和组织方面的信息，有计划地公布党的重大决定，还利用寻呼机向议员们和党的干部们随时发布党的各项消息和对各种问题的看法。为了及时应对各种突发事件，控制事态的进一步发展，工党还建立了专门应对危机的"新闻危机协调制度"，24 小时监控媒体动态。

将现代化的大众媒介应用得最好的是德国社会民主党。20 世纪 90 年代中期，德国社会民主党提出要把党从"新闻报道的对象"变成"影响新闻报道的主体"，把拥有"适合媒体社会的交流能力"视为党的工作的重要目标之一，并在 1995 年建立了党的网站，使民众可以随时了解党的政策主张和日常政治生活安排。此外，社会民主党还成立了社会民主党的"服务中心"，为全国基层组织提供信息和宣传服务，同时启动了"红色电脑"（将本党的 12500 个基层组织全部联入内部信息网）和"红色手机"（用手机向所有党员发布党的相关信息）计划，还用互联网把 6000 个基层党组织联系起来，形成一个"网上社会民主党"，即社会民主党要通过计算机和手机等现代化的通信工具把人们联系起来，以形成一个民众共同参与的"政治虚拟世界"。目前，社会民主党的总部和各州机构之间已经实现了内部联网。此外，就施罗德个人来讲，在领导方式上，他也非常依赖媒体。德国社会民主党理论家就曾经说过，施罗德喜欢将政策建议"交付媒体讨论，若媒体反映良好，他就采纳这一政策；反之，则放弃或大幅修改这一政策。当施罗德想采纳某一政策时，他就会让全党认识到，如果我们还想继续执政的话，就必须支持这个政策"①。

瑞典社会民主党也是较早利用互联网宣传自己的政党之一，只是瑞典社会民主党相比较而言更加开放，更加透明一些。该党不仅在互联网上及时发布党内讨论的相关文件，同时还公布党对各种问题的看法，使干部、党员和群众能够在第一时间了解党的各种看法和主张，并以此为基础作出自己的相应判断。

① 《托马斯·迈尔教授访谈纪要》，载《当代世界与社会主义》2003 年第 3 期。

（二）凭借媒体平台上达群众民意

媒体的便捷性也得到了广大民众的喜爱、支持和应用。人们不仅通过大众媒体获得大量政治信息，还借助这一快捷的利益表达方式表达自己的政治愿望和诉求。

英国工党设立了专门的民意调查机构，通过广泛的电话调查了解民众愿望和要求。人们可以直接向这些机构提出自己的意见和建议。工党还开通了首相和各大臣的电子邮箱，民众可以直接就党的重大决策向党的领导人们提出意见、建议甚至批评，首相和各大臣们必须对此作出相应回答。党的网站也根据公民的政治偏好制定特定的政策，发布相关的信息等，党的领导人们还可以通过在线调查、聊天室、电子邮件等实现与公民的直接互动，从而保证民众的要求和愿望能够被及时反映上来。

德国社会民主党的“媒体党”特征更为突出。该党甚至在1999年的党代会上把“依法运作媒体”作为一个议题，提出建立“网络党”的目标，为领导人和党员们之间搭建一个可以自由对话和交流的平台。在这个平台上，党的中层及以上领导人们也都有自己的网页，领导人们可以在网上与党员们见面，党员们也可以通过电子邮件向领导人提出各类意见和建议，人们甚至可以在网上办理签证直接入党。另外，社会民主党还为科学文化工作者和原东德的人建立了“论坛”，让认知和认同趋同的人有机会在一起讨论相关政治问题。

德国学者托马斯·迈尔曾经说过：“今天在政治生活中有四种力量在起作用：一是经常在媒体露面的政党的高层领导；二是独立于政党之外的媒体讨论；三是民意测验；四是政党。但政党实际作用不大，如果施罗德改变了自己的看法，党也会跟着变。”[①]可见，大众传媒和领袖的个人影响在当今政党政治中有重要作用，而且这种作用还有进一步扩大的趋势。总之，欧洲社会发达的媒体设置正在一步步“逼迫”社会民主党向“媒体党”转变。

① 《托马斯·迈尔教授访谈纪要》，载《当代世界与社会主义》2003年第3期。

第四节 组织机构:简化机构形式,强化中央权力

组织是党的力量所在。党的组织机构设置直接影响着党的职能的发挥,而高速发展的现代社会要求高效的政党与之相适应,社会的复杂化和多元化也使政党很难像过去那样单单依靠自己的意识形态和阶级立场来确立其合法性或巩固执政地位并自上而下地组织政治生活,而是必须要通过提高其行政管理效率来保持或重获合法性。

"冷战"后,随着经济和社会的发展,欧洲社会的政治精英化现象更加突出。政治精英们在政治生活中发挥着越来越重要的作用。聚集在领导者周围的专职人员迅速增加,他们承担的功能越来越多,运作的范围在不断扩大,党的组织工作中心正在向领导圈子周围转移。他们不仅在选举中进行高效率的选举运作,选举结束后,他们还利用现代化的通信和高科技的操作为党的执政行为提供各种帮助。即现代社会的迅速发展已经使复杂的组织和区域性的组织网络成为党继续发展的沉重负担,党的积极分子们也疲于继续做动员群众和宣传党的政策等大量复杂而又繁琐的工作,媒体社会中的社会民主党党员们与中央领导直接沟通的做法,将党组织的决策进一步简单化,减少了权力结构中的中间环节,弱化了党组织及其内部领导人的作用,进一步加强了党的上层领导的权力,从而使党的领袖和议会党团的作用和权力越来越大,党的高层领导尤其是领袖的作用也被无限扩大。党的运作越来越依靠党内精英,而不是系统的党组织。

一、改革党的组织机构

(一)简化机构层次

社会民主党与欧洲政坛上的其他政党相比,是组织机构设置和组织运作较为规范的政党。政党各机构之间联系较为严密,层次也相对较多。但随着媒体社会的发展,原本需要层层传达的下情上达和上情下达过程都可以直接完成,原来单向自上而下的逐级传达和自下而上的逐层反映

变为上下纵横交错的双向交流模式，党的领导和党员们的联系更加便利，中央组织与党员们的直接沟通几乎架空了地方组织。

英国工党过去主要通过扩大党员队伍来扩大党的基础，并通过积极分子来联系党的上层与基层，但层级结构过多就会使得政党决策程序长，信息传递速度慢，对于人民群众的反应迟钝，从而导致效率低下。而且在交通和通信设施如此发达的今天，依靠大量的政府工作人员进行街头巷尾的政策宣传也变得不再重要。党的领袖们可以通过公共媒体直接向普通党员和人民群众宣传和解释党的施政纲领和方针政策。因此，为适应全球化、信息化世界的高效要求，英国工党在“冷战”后进一步简化党的组织机构，把原来层层设置的“金字塔”式组织机构变为平面的直接民主制，以提高党的执政效率。1993 年，工党年会对党的组织机构进行了重大改组，形成了新的决策体制：党的大会——联合政策委员会——全国政策论坛——全国执委员。在这个新的决策体制中，党的大会仍然是最高决策机构和最终决定机构，但它只能提出对政策动议进行辩论，而不能与全国政策论坛所涉及的任何领域重叠，否则，它只能辩论全国政策论坛所提出的政策。联合政策委员会由首相主持，由全国执委会和议会工党议会委员会的相等人数组成。他们共同研究政策，拟定竞选宣言的内容即竞选运动和选举问题。这些平行的决策机构将党内外各种问题碎分化和平民化，避免了层层传递的困扰。1997 年，工党又形成了《执行伙伴》文件，在基层也建立了一个约 400 人的促进者网络，负责协助在全国举办政策论坛，使普通党员和党外人士都有机会直接向党的中央政策机构提出政策建议，将原来层级决策机制变得更直接、更快捷。

由于网络媒体应用得更为广泛，德国社会民主党组织结构由垂直式变为扁平式的特征更加突出：党直接将很多传统功能转移到网络上去进行，党员们和广大群众通过网络就可以直接进行一系列的政治参与活动，地方和基层组织的基本作用和功能很难发挥出来，其庞大的组织机构设置也会进一步萎缩。此外，德国社会民主党为了提高人们政治参与的积极性，将党的组织碎分化，实行“项目党籍制”——将党的纲领分解成若干项目，人们可以根据自己感兴趣的项目展开讨论和开展各项活动，并可以成立一个党组织，允许赞成党的某些政策但又不想承担党员义务的人可以随时入党和退党。这就使党的层级组织进一步简单化。

总之，“冷战”结束之后，领袖与群众直接接触，弱化了中间组织的权力，原有的层级组织机构设置进一步简单化。

（二）改善党员构成

20 世纪 80 年代以来，欧洲社会民主党的党员构成进一步变化：公共服务部门的雇员、信息和技术产业的专业人员和教育文化部门的知识分子人数迅速增加，而社会民主党的传统支持力量——产业工人、农民、小生产者等却大大减少；而且党员构成的不合理现象越来越严重，尤其是党员老龄化问题十分突出。为了改变这种状况，吸引更多的民众参与到党的决策中来，社会民主党改善了党员构成，使党无论在年龄构成还是性别构成上都进一步合理化。

1. 改善党员们的年龄构成，大力吸收年轻人入党

没有青年人的党是没有前途的党。2000 年大选失败的奥地利社会民主党就认为，党失利的最大教训在于同年轻选民的交流削弱了。因此，面对年轻人越来越严重的政治冷漠现象，社会民主党采取各种措施，吸引年轻人入党。为此，社会民主党取消了青年人在入党条件上的种种限制，向年轻人宣传党的政治理念，也比往常更加重视精英政治，选拔年轻有为的政治家作为党的领袖，使党的领袖明显年轻化，以布莱尔、施罗德为代表的一批年轻的领导人纷纷上台，为党注入了生机和活力。德国社会民主党甚至直接规定，2002 年联邦议会选举之后，联邦议会党团中应有 30 名 40 岁以下的议员。西班牙工党在三十四大上选出的执委会委员中，最小的只有 24 岁，平均年龄也仅为 44 岁。

英国工党为动员年轻选民，在 2001 年建立了一个独立的网站，专门用来关注和讨论年轻人关心的问题。同样，对于对党的活动越来越冷漠的年轻人，德国社会民主党不仅在 1998 年规定，年满 14 周岁就可以加入社会民主党，而且还特别建立了“青年网络管理之家”和“网络资格认证学

校”,帮助大家掌握相关网络新技术,以大力培养年轻党员,提高他们对政治的兴趣。同时,德国社会民主党还建立了“地方行政学院”,对有“政治天赋”的年轻人进行培训,以充实党的干部队伍,使党焕发出无限生机和活力。在党的联邦理事会中,社会民主党还单独成立青年项目组,专门研究年轻人关注的项目,定期邀请青年学者参加座谈,以形成党的青年专家网。在施政纲领中,社会民主党也极力强调“现代性”和技术创新,用工作创造代替福利救济,以争取到更多的年轻选民。法国社会党也举办各种类型的讨论会和论坛来集中谈论年轻人更为关注的各种热点问题,以增强党对年轻人的吸引力。瑞典社会民主党为吸引年轻人安心从事党务工作,加强了对基层干部的轮训,提高干部们的工资并扩大了编制。

2. 改善党员们的性别构成,大力提高女党员们的地位

随着半日制工作的出现和女权运动的兴起,越来越多的妇女走出家门,妇女就业机会大大增加,女性就业人数越来越多,在工作中和社会上发挥的作用也越来越大。女性在融入社会经济生活的过程中,政治参与意识也越来越强,欧洲社会选民队伍从以男性为主的工人向多元化选民转变,女性选民在选民总数中所占比例越来越不容忽视,甚至已经成为影响政党命运的重要力量。如在英国 1992 年的大选中,妇女选民占整体选民的 52%,但保守党获得的妇女选票比工党多出 9 个百分点。① 得不到妇女的支持是工党大选失败的一个重要原因。

劳动力队伍和选民队伍构成的变化客观上也要求社会民主党改变自身的选举定位,要求社会民主党要把争取更多的妇女选票作为一项重要的战略任务来抓。而且,随着教育水平和生活水平的普遍提高,女性参政议政的能力也大为提高。为此,社会民主党大力提高女性在党内党外的地位,不仅为增加女性的投票数而大力吸收女性入党,还增加党的机构和议会党团中的妇女代表人数。如英国工党规定,全国执行委员会必须给

① 参见[英]托尼·布莱尔:《新英国——我对一个年轻国家的展望》,曹振寰等译,世界知识出版社 1998 年版,第 181 页。

妇女代表保留一定的位置。到了20世纪90年代末，工党中女性委员已占委员会的48%，女议员也迅速由1992年的37名增加到1997年的102名，相当于议员总数的四分之一。另外，工党还规定，选区工党的女干部和全国论坛中的女代表要占一半左右，把妇女作为重要的力量来争取。德国社会民主党也设立了专门的妇女委员会，广泛吸收妇女入党，并提拔更多的妇女走上领导岗位。1994年，社会民主党在《党章》中增加了新的内容："在党的职务和代表席位中，女性和男性必须至少各占40%。"[①]瑞典社会民主党重视女性的特征更为突出。20世纪90年代末，瑞典社会民主党的妇女就业率保持在80%以上，在西方国家中属于很高的比率。瑞典社会民主党甚至明确提出自己是女权主义的党。《党章》中也明确规定议员候选人名单中的男女候选人所占的比例要相同，以提高妇女参政的积极性。此外，瑞典社会民主党还在党内设立专门的妇女委员会，以保证女性的相关利益得以实现。

二、调整党的权力结构

在这个一体化的信息环境中，政府对权力的操控与运作越来越透明化，越来越民主化。而民主化的前提是权力分散化。这种分散包括权力向上移交和向下转移两个层次：一方面，在现代社会中，由于现代媒体的介入，党员们在政党行为中的作用越来越弱，党的运作更多地依靠党的精英，尤其是围绕在领袖周围的精英们的作用越来越大，中央机构的权力越来越大；另一方面，现代社会的发展对民主社会的要求越来越高，而民主的实现需要地方有处理自己事务的相关权力。因此，冷战后，为了更快更好地推进党的方针政策，为了使党的政策更加民主、科学，社会民主党调整了党的权力结构。

（一）加强中央机构的权力，尤其是强化领袖的权力

"冷战"后，党的运作的专业化和精英化使党更为关注党的领导核心

① 《德国社会民主党章程》，王学东译，载《当代世界社会主义问题》2002年第4期。

的形成，以更好地发挥党的领导作用。为此，各国社会民主党在"冷战"后通过召开党的代表大会，修改党纲党章，加强中央机构的权力，同时赋予党的领袖更大的权力，使领袖们一般都拥有了更大的人事权和重大事务决策的决定权。党的决策也逐渐由党的领导集体转向领导者本人作出。当然，为了尽量减少决策失误，在领导人周围一般会形成一个权力越来越大的、由各种专家和专业技术人员组成的领导集团，这种领导集团在党的决策中发挥着越来越重要的作用。

英国工党的权力部门主要有领袖、年会、执委会三个。其中，领袖具有相当大的权力。当工党执政时，领袖担任首相并有权指派内阁成员；工党下野时，领袖则组成"影子内阁"牵制执政党，并有权为其成员指定具体职务。1993年以前，领袖的选举一直由工会控制，相对而言领袖的权力受到了极大限制。1997年工党在党内通过的《执政中的合作关系》报告中提出，党的领袖要超越党内成员的控制，他的"主要责任……是对人民、国家的最大多数和议会负责"。这就削弱了影子内阁和执委会的决策作用，把执委会从中央领导机构逐渐变为党的管理机构，进而强化了领袖的权力，也加强了中央一级的领导，几位党的重要领导人享有重大事务的最终决定权。为了更好地发挥中央领导机构的权力，工党大力增加中央机构工作人员。1998年和1964年相比，中央机构工作人员增加了126人，增幅达到了258%；同时，党部和办公室人员也相应增加。此外，为强化中央集团的权力，工党还严厉打击党内的派别行为，也十分注重加强党领导对决策的影响，扩充领袖办公室的重大决策权，规定由领袖直接任命议会总督导，控制工党议员，以减少工会对党的决策的影响力，突出党的领导决策层与基层党员以及其他社会群体的直接对话方式。1997年，为了强化党的领袖和议会党团的权力，工党还削弱了年会的权力，规定在党的年会上只讨论能为政府提供长期选择的两三个问题，不再讨论党的大的政策问题。这使年会失去了对党的重大政策问题提出辩论的权力，将这个党的最高和最终决策机构变为工会成绩的"展示台"。同时，为了保证中央的政策在地方能够得以切实贯彻实施，对于地方组织的监督管理，工党也较“冷战”前进一步加强，增加了中央党部在地方设置的分支和派出机构办公室的工作人员，以加强中央对各级党组织的管理工作，进一步提高中央对地方党组织的协调能力，以建立由党的领袖控制的中央领导体制，提高党的灵活性、创新能力和直接决策能力。

20 世纪 80 年代，经过各级领导人的更新换代后，德国社会民主党的联邦领导机构、联邦议院和州一级的领导机构各司其职，不能协调一致，政见分歧频繁。党内派系林立，纪律涣散，内讧不断，甚至连党的主席也不断更换。1995 年，拉封丹出任党的主席，加强了联邦理事会在中上层领导间的领导核心作用。他从党的整体利益出发，安排在选民中威望较高、有着独特领导魅力的施罗德为党的下任总理候选人。这为该党赢得 1998 年的大选奠定了良好的基础。年轻有为的施罗德也不负众望，在当选后大力改革党的领导制度，限制反对派的活动，强化领袖权威，增设专管党务的党的总书记职位，协助党的主席处理党内各项事务，树立党的中央权威，从而使党的各项政策能够得以顺利实施。

瑞典社会民主党的最高领导人一直是长期稳定并保持正常化交替的。在“冷战”结束之后，瑞典社会民主党也进一步加强了党务工作，在中央一级，党的总书记之下增设了负责组织工作和国外工作的两名副书记，协助总书记工作，以加强党的高层领导，强化党的中央决策层的权力。

（二）扩大地方和基层组织权力

现代社会的复杂化和多元化使政党很难像过去一样自上而下地组织社会政治生活。真正的民主也需要权力的分散化，即政党必须将高度集中的权力下放，扩大地方与基层的相关权力。这就需要政党将传统的集权模式和自由模式结合起来，将社会和国家进行新的分工，将一些地区性的问题交给地方组织自行解决。而且，随着人们知识文化水平的提高，相应的公民意识和民主意识也在不断加强，公民们也普遍要求更广泛、更实际的参政议政权。“冷战”后，欧洲各国政府都增加了对各政党的公共补贴。公共补贴的增加既使政党减少了对利益集团的依赖，也使政党对其组织成员的依赖性大大降低，由此一来，在党的组织中处于中介位置的、控制党的办公系统的地方组织和官员们的地位和影响力也必然随之下降。为了让地方组织能够更好地发挥作用，也为了满足新中间阶层掌握政治权力、参与政治事务的愿望，社会民主党坚持权力下放和自治管理原则，加大了地方权力的下放力度，强调以新的方式来执政，采取新的社会治理方式，以团结更多的政治力量参与国家事务的管理。

在欧洲社会民主党中，英国工党在下放权力上的动作最大。工党不仅设立了全国政策论坛，将年会的权力向下转移，还分两个方面具体下放工党的权力：第一，中央政府向地方政府下放权力，如扩大苏格兰和威尔士地方协会的权力，建立享有广泛自治权的北爱尔兰地方议会和政府，在英格兰成立地方开发机构等。第二，中央和地方向具体的公共事务执行部门下放权力，让公共事务执行部门拥有更多的权力，担负更大的责任和义务。同时，工党鼓励地方党组织不要只用思想问题和政治问题来约束和规范选民，而要能够真正切实帮助群众解决各种具体实际问题，并能为需要帮助的人提供实际需要的帮助，以实现布莱尔所说的“建设新政治就意味着改变政府的运作方式，并把权力下放给人民”①。

德国社会民主党的地方组织本来就有相对较大的权力。各州的党领导事实上拥有本州的实际掌控权。“冷战”后，德国社会民主党进一步加强了基层组织的权力，其改革就是从基层开始的。改革的重心放在扩大党员们在基层组织生活中的权力上。施罗德认为：“在德国我们有一个分权原则，即凡事应就近由那里的人民决定，决策者越高高在上，就越难体现决策程序的合法性，相关民众就越难以理解。”②党的总书记明特费林也说过：“在变得更加复杂的世界上，小的、地方单位的重要性增加了。”③在这种思想的指导下，社会民主党加强了党的基层组织即地方协会的作

① [英]托尼·布莱尔：《新英国——我对一个年轻国家的展望》，曹振寰等译，世界知识出版社1998年版，第365～366页。

② [美]克林顿等：《背叛的政治——第三条道路理论研究》，欧阳景根选编，上海三联书店2002年版，第54页。

③ 荣敬本、高新军主编：《政党比较研究资料》，中央编译出版社2002年版，第106页。

用，鼓励地方协会积极参加工会、各种协会和联合会的工作，主张联邦议会选举的竞选名单顺序和地方选举的首席候选人由党员投票产生；规定党总部对基层组织有服务义务，党总部需要向基层组织提供相关各种文件等；允许各级党组织成立各种论坛，这些论坛有权向同级党代会提案和派送代表等。

法国社会党在 2003 年的第戎代表大会上建议制定《公民创意法》。该法案规定得到 50 万公民签名的要求可以纳入国民议会的议事日程。这就将权力直接赋予广大人民手中，同时加强了各种地方协会、非政府组织和工会的作用。这些组织均可以通过运动使法律建议列入议事日程，而社会党只是公民和这些协会组织的中介者。

瑞典社会民主党认为，不管是哪个党执政，权力集中就是对民主的威胁，真正的民主必须要以权力分散为基础。为此，民主必须能够通过相互独立的不同渠道、不同层次和不同角度来实施，要使人们有权影响社会的变化和相关社会机构的职能。在这种思想的指导下，瑞典社会民主党十分重视地方组织的作用，尤其是十分关注基层各俱乐部的民意导向，注重在基层民意集中的基础上制定党的相关政策。

总之，在党的组织机构变革中，社会民主党强调权力的向上集中和向下分散，并希望在这种权力的上紧下松中提高党的影响力和吸引力。

第五节　组织原则：直接民主与基层民主相结合

民主化是当代世界政党政治发展的大潮，是政党发展的动力。充分的民主能使普通党员的自主性得以充分发挥，使民众较易感到自我价值的实现，使其更有参与政治生活的积极性和主动性。同时，也只有民主的政党才能把尽可能多的民众吸引到自己身边。即哪个政党的民主化程度更高就能更易赢得党员们的普遍支持，在与别的政党的竞争中也更有优势。

社会民主党一直以来就十分重视民主建设，把民主作为党的基本组织原则,“冷战”后也更加关注这一问题。如布莱尔认为,世界进入“后工业社会”后,国家和政党的作用也必须随之嬗变,必须进一步深化和扩展民主,由国家政治转向公民政治,促进社会和个人之间的良性互动和协调发展。这种民主体现在党的组织内部就是要求党的组织决策的民主化。组织决策是否民主和科学直接关系到党能否得到群众广泛的认同和拥护,而要实现组织决策民主的关键在于要加强民众在决策过程中的民主参与。

一、扩大直接民主

代议制民主是世界政党政治发展史上的创举,它使几千年来人们实现民主的理想变为现实,也因此被西方政治学家称为“现代的伟大发明”。但是随着人们民主意识的增强,代议制民主逐渐难以满足人们更高的民主要求。尤其是在民主化程度较高的欧洲社会,随着人们受教育水平的提高,人们需要在更高层次上更直接地表达出自己的政治愿望和诉求,在投票选举之外需要更广泛地参与到政治中去,而公投式民主恰好满足了这一民主诉求。公投式民主是一种直接民主形式,它能使民众更直接地参与到政党的各项重大决策中去。在这种民主方式下,党的领导层与普通党员之间垂直的内部沟通取代了各选区之间的水平沟通。如今,在欧洲社会存在着公投式民主代替代议制民主的趋势。

(一)党的领袖直选制

民主程度的高低在很大程度上体现在人们对于党的领袖和其他候选人是否有决定权上。“冷战”后,欧洲社会民主党的直接民主首先体现在党的领袖的选举中。

20 世纪 80 年代,英国工党开始改革党的领袖和议员候选人的产生办法,以实现党的高层领导选举的直接民主制。1981 年以前,党的领袖的选举权完全掌握在下院议员的手中。1981 年,工党采用新的领袖选举制度,将原来由工党议会党团选举产生,把议会外党组织和广大党员排除在外,从而缺乏民主基础的领袖选举办法改为党的领袖由议会外党组织和议会党团组成的选举团选出。新的选举团中，工会代表占 40%，议会党团和选区组织代表各占 30%。1993 年，这个比例又调整为三者各占 1/3。1993 年，工党还取消了集体投票制[①]，改用普通党员的"一人一票制"选举产生党的主要领导人和国家公职的候选人，这就使大多数党员在选举党魁和其他国家领导人时有了发言权。1987 年，工党对于以前由地方党精英挑选的议会候选人也进行了改革——建立了地方选举团制度。新的选举团制度中，40%的选票由地方工会掌握，60%归个人党员。1993 年，更是将这一程序进一步简单化，规定议会候选人由地方选区的党员无记名投票选出，议会候选人也实现了党员直选。此外，为了进一步激发广大民众的政治参与积极性和投票热情，1997 年，工党政府规定伦敦市长由伦敦市民公选产生。

德国社会民主党近些年来在领袖和议员候选人的挑选上也大大增加了党员们的直接参与度。2000 年，在总书记明特费林提出的八点改革建议中，提出了由全体党员而不只是由党代会代表投票决定党的总理候选人的主张，标志着普通党员在党的总理候选人的选举中有了发言权。

1997 年，重新上台执政的法国社会党把过去由党的执行委员会选举产生党的第一书记改由全体党员直接选举产生党的第一书记，同时规定党的各级议员候选人也由自上而下的指定改为由地方党组织选出，赋予了普通党员和地方党组织选举产生自己信得过的领导人的权力。

（二）重大事务公决制

除领袖实行直接选举外，在其他重大事务的处理上，欧洲社会民主党也注重征求普通民众的意见，在党制定重大决策前进行全民公决，以使党的决策更能体现民意。

为了满足广大选民直接参与政治决策的愿望，近些年来英国工党逐步推广直接民主和半直接民主，对于党的重大问题在决定前进行公民表决，即公民可以通过直接投票来批准宪法和法律，决定内外政策、国土变

---

① 一个特定的附属组织的所有代表都必须投票支持同一个候选人的制度。

更、国家独立等重大问题。同时，对于议会通过的法律或决议，如果公众有异议也可以提交公民进行复决。由此，公民们就由国家事务的旁观者和听从者变为参与者和决定者。党的领袖布莱尔更是一直对公决制青睐有加。早在20世纪90年代初，布莱尔就力倡就党的重大决策进行公决；1995年，布莱尔提出将党章修改问题及其他党内重要问题提交全体党员表决，由党员们投票决定；1996年，布莱尔正式把全民公决模式引入党内，实行"全党公决"；1997年，布莱尔还将竞选宣言提交全体党员投票表决。这就使普通党员在党的很多重要问题上有了发言权，党员可以直接参与党的重大事项的决定。

1991年，德国社会民主党成立了"2000年德国社会民主党"委员会，专门负责研究党的改革问题，并为制定切实的政策展开党员意见调查，征求普通党员的意见。在此基础上，1993年，德国社会民主党对党的章程进行了两个重要修改：一是在国家的各项具体问题上可以进行全民公决。进行全民公决的提议可以是上层领导，也可以是基层群众，赋予群众公决倡议权。二是对竞选总理的候选人要进行初选，候选人可以用党员公决的方式产生；各州和各区县的党组织的最高领导人也都得到了授权，也可以进行党员公决，可以对其党组织最高职位的候选人进行初选。① 而且党员公决具有相当大的权力："党员公决可以改变、撤销一个机构的决议，或者代替某个机构作出一个这样的决议。"②

法国社会党在1993年下台后，认为党内不能很好地沟通和交流是其下台的主要原因。因此，该党规定，全党除了一年召开一次党代会之外，每年还要至少举行一次全国性的讨论，就本年度的重大问题征求普通党员的意见，使党的决策真正反映民意。对于宪法的修改、参议院改革等重大问题，法国社会党更是注重征求普通民众的意见，进行公民投票，以激发公民政治参与的积极性，提高公民对党的认同。

① 参见龚加成：《西欧社会党党内民主建设发展趋势》，载《中国党政干部论坛》2003年第8期。

② 《德国社会民主党章程》，王学东译，载《当代世界社会主义问题》2002年第4期。

(三)决策机构专门化

为了真正体现民意,实现民主,社会民主党建立了专门的组织决策机构,以保证广大党员能够直接与各级党组织进行沟通。

1990 年,英国工党在中央建立全国政策论坛、政策委员会、联合政策委员会以及前瞻性政策研究中心等一系列专门的组织决策机构。其中,全国政策论坛由多个小型政策委员会组成。每个委员会都由一个部长直接领导,任期两年,负责向论坛和全国执委会报告工作。年会也只能对委员会提出的各项建议进行总体投票,这就大大增强了论坛的作用。此外,工党保证使每一位提交政策建议的人通过书信或电子邮件、《论坛》杂志、政策委员会,对重大问题的特别报告和全国政策论坛成员以定期与地方党组织的工作对话等方式得到回复,从而形成一种互动式的对话。[①] 在《执行伙伴》文件中,工党又提出由领袖政策委员会负责形成初步计划,供全国政策论坛参考。1997 年年会上,工党进一步调整了党的决策机制,要求政策委员会各支部聚集民意,并提前三年向委员会提交动议草案。此后,草案由委员会筛选后在年会上提出。

德国社会民主党在各级党组织设立各种论坛,允许这些论坛向同级党代会提交议案,派送代表等。此外,“冷战”后,德国社会民主党还把企业、国家行政部门和工会中的党,按照地区组成关于诸如劳工问题、妇女问题、老人问题等的各种工作团体,要求党员必须参加其中一个团体,以加强与各社会组织的联系,并在党的组织中设立与这些团体对话的机构,同时鼓励这些团体积极参与党的各项活动,使这些团体与党能够直接对话。

法国社会党在“冷战”后也大力推进党的民主化建设,实行派别比例代表制改革,不仅允许不同派别存在,而且党的各级领导机构也按照派别比例制选举产生。全国代表大会根据各派提案获票比例选举产生全国指

---

① 参见陈露:《西欧社会党的组织改革及政党现代化进程》,载《当代世界与社会主义》2004 年第 1 期。

导委员会,并设立书记处和执行局,负责日常工作。

瑞典社会民主党为了更好地实现直接民主,在长期的执政过程中建立了协商决策机制。即政党在进行一项重大决策时,会首先成立一个由政府官员、专家和利益集团代表等组成的公共调查委员会,负责收集整理社会各有关方面的意见和建议,作为政府最终决策的主要依据。

二、加强基层民主

基层组织是党的基本活动细胞,是党吸纳和训练党员、组织民众参与党的各项活动的基本单位,是组织选举、服务社会的主要力量。基层党组织的活力是党的生命力和源泉所在。国家大政方针的制定需要广大基层党员和群众的参与。为此,社会民主党在强调上级对下级要有服务意识的基础上,进一步加强了基层民主的建设。

(一)重视基层意志

基层意志是党的决策民主的重要体现,只有重视基层意志的党才能真正制定出符合民意的政策。“冷战”后的社会民主党在制定决策前就十分重视收集基层意见和建议,以使自身的决策能更多更好地体现民意。

英国工党十分重视党的基层民主建设。长期以来,选区工党组织作为工党的基层组织,负责党的各种日常事务和党的选举工作。工党在各个选区的党组织都设立了50人左右的“管理委员会”,其成员由选区党组织、选区工会支部和其他附属团体的代表组成。代表们以集体投票的方式选举议员和表决选区内党的重要事务等等,并由其选出“执行委员会”,负责具体事务的执行工作。但这种基层组织的设置被控制在部分领导人手里,很显然不能体现普通党员的意志。为改变这一状况,1987年,工党建立了地方选举团制度,60%的选票归选区工党个人党员。1989年,英国工党将原有选区工党组织的“管理委员会”成员由原来的选区内附属组织的代表组成,变成由选区内全体个人党员和所属组织的代表构成。其中,个人党员票数占60%,工会和其他政治组织只占票数的40%,并采取“一人一票制”,以减少工会对选区党组织的影响力,增加个人党员的作用。1993年，工党将议会候选人的挑选办法进一步简单化，即由地方选区党员无记名投票选出，这就扩大了基层民主权利，增强了普通党员在选举中的重要作用，最大限度地调动了党员的积极性。为了与党员们有更直接的接触，工党还改革了党员登记制度，规定由党部直接登记党员的个人情况，并且直接邮寄党内公决选票和进行问卷调查，以征求基层党员们的意见。1997年，工党年会还通过了《执政伙伴》文件，建立了一个所有党员都能参与党的决策机制，规定党的决策允许个人党员、地方支部和其他代表参加，从而改变了党的决策结构，将基层民主制进一步落到了实处，为党与地方组织之间的对话提供了机会，使党的决策机构能够听到来自地方的声音。此外，工党还增加了对基层组织的经费支持，以促进其更好地开展各项工作。

德国社会民主党是以社区为单位建立党的基层组织的，也是一个强调基层组织作用的党。其基层组织也一直为维系党的正常运作发挥着重要作用。“冷战”结束后，党的领袖们也认识到了基层党组织的重要性，强调要扩大党员在基层党组织生活中的权利，主张联邦议会选举的竞选名单顺序和地方选举的首席候选人应当由党员投票产生；强调基层组织是党的活动的主体，基层意志是党制定政策的主要依据；认为社会民主党总部只是基层组织的服务者，负责向基层党组织提供各种文件，为基层组织设计主题，派遣报告人等；鼓励党的基层组织积极参加工会、协会等的各项工作，加强与党员们的对话联系；允许各级党组织尤其是党的基层组织成立各种论坛和专题委员会来讨论党的相关事务，聘请专家学者讨论群众关心的各种社会问题，向同级的党代会提交议案、派送代表等，以使党的决策符合民众的意愿。

瑞典社会民主党的基层组织在欧洲政坛上是相对较多也是发展较为出众的。其基层组织是立足于城市社区建立的，方式是极其灵活机动而又多样的各种俱乐部。在大选前一年，党要召开全国代表大会。在大会召开前，各俱乐部分别展开广泛的讨论，提出自己的建议和意见，并将其中有代表性的提议整理好后上报党的中央组织。中央组织在综合各种意见后,也提出各种建议和规划,重新分发给各俱乐部和党的代表,再一次讨论后达成新的共识。在这种反复往来和不断讨论的过程中,就可以在一定程度上保证党的决策能够真正体现民意。如2005年党的全国代表大会前,社会民主党就根据基层组织的各种提议,分成七个问题,印发了七个小册子,在全国组织了广泛的讨论。几千条的意见反馈在党的最终决策中发挥了重要作用。

(二)开放基层机构

为了使党的决策更广泛地体现基层意志,建立更为民主、更为现代化的党组织,社会民主党采取各种方法吸引各界社会精英和游离于政党之外的政治资源,将党的基层民主改革延伸到了党外,不仅将党内生活向社会公开,还将党的组织机构向社会开放。如社会民主党通过邀请党外人士参与,举办各种形式的座谈会、研讨会和论坛的方式等,力争把党内民主与社会民主紧密结合起来。

英国工党1997年通过了《执行伙伴》计划,其中规定普通党员和党外人士都有权向党的中央决策机构——全国政策论坛提出各种建议和意见。论坛也会以电子邮件的形式回复,赋予党员和普通群众同样的权利。对于那些不愿意入党的民众,工党也提供了其他的政治参与方式,如“帮助制定政策”,“承诺在未来的选举中支持工党”,捐款和注册“电子新闻”等[①],以保证其政治愿望得以体现。

德国社会民主党组织机构的开放幅度要更大一些,它允许非党员参与基层党组织的政治生活,非党员还可以参加各级论坛和主题工作委员会的讨论,甚至关于修改党章的讨论也邀请非党人员和其他国家的社会党参加;社会民主党的联邦议会党团也能吸收普通群众参加;非党员还有对各州和各区县党组织最高职位候选人进行初选的权利。同时,“党的各级执行委员会可以设立非党人士也能在其中参与工作的专题项目组。这

① 参见王瑜:《电脑化政党——网络时代的西方政党组织形态》,载2007年4月2日《学习时报》。

些项目组享有对各自级别的党代表大会的提案权和发言权”①。另外，非党人士还可以参加为完成一些特殊任务而根据党的执行委员会建立的工作团。总书记明特费林还提出利用网络创立新的参与方式，认为党要通过互联网“与(各种问题)的利害相关者包括党外的人进行对话，动用专门知识，与不打算在固定的组织结构内工作的人们谈论政治”②。此外，社会民主党还以网络为平台开展组织生活，通过民众的公开言论来将党内生活切实民主化。2006 年，德国社会民主党规定，以后党各选区的联邦议员候选人将由全体党员和党外人士共同选出。这一规定更有划时代的意义。它除了赋予普通党员们在选举议员候选人的权利外，还使普通民众在这一问题上有了相当的发言权。

法国社会党党章规定，非党人士也可以参加党的会议，对于党的政策的制定也有一定的发言权和投票权，规定从事各种研究的各类组织也可以参与党的政治生活。

(三)活跃基层生活

乏味的组织生活是党员们不愿意参与党的政治生活的原因之一。为此，“冷战”后，社会民主党采取多种方式活跃基层组织生活。如英国工党鼓励基层组织开展灵活多样的组织活动，如举办各种研讨会、晚会、派对和各种比赛等等，并建立了各种形式的俱乐部。在俱乐部里，工党可以通过看电视、读报纸或举行其他有趣的娱乐活动来吸引人们参加，以使党的组织生活更具有吸引力。德国社会民主党通过在各种不同的社会环境下——如俱乐部、酒馆等大众集会的地方——举行各种政治性的集会或讨论的方式，让大家在极其放松的氛围中开展生动活跃的组织生活的同时，增强对社会民主党的认同感；同时，社会民主党还在基层党组织之间开展“活跃的党组织”评比活动，让各个基层党组织之间可以互相比较、学习和借鉴。瑞典社会民主党的基层组织生活更有特色，因为其原本就是

① 王学东译：《德国社会民主党章程》，载《当代世界社会主义问题》2002 年第 4 期。

② 陈露：《西欧社会党的组织改革及现代化进程》，载《当代世界与社会主义》2004 年第 1 期。

以俱乐部的形式存在的，因此，“寓政于乐”的特征更为突出。各基层组织都广泛开展各种政治讨论活动和各种形式的文体活动，如歌咏、舞蹈、戏剧等。瑞典社会民主党鼓励普通党员们积极参与，以提高党员们的参政兴趣，还邀请党的领导和政治理论专家们进行各种演讲，增加党员们对党的政策的了解和理解，增强党的凝聚力和号召力。居民社区、第三产业和小企业中党组织的活动方式以对各项事务的讨论和认知为主，所讨论的主要问题也是与群众的切身利益密切相关的、大家最关心的问题。此外，社会民主党还通过俱乐部、论坛等各种交流平台与社会各阶层进行广泛的对话与联络，以吸引更多的群众参与党的政治生活。

(四)联系外围组织

为了更广泛地集中民意，“冷战”后的社会民主党还向非常规的政治参与形式开放，加强了与各种党的外围组织如妇女、青年组织等之间的联系与沟通。如德国社会民主党就把企业和行政部门的党员们分成“劳工问题小组”“妇女工作小组”“老人工作小组”等各种小组，这些小组分别举行专门的主题座谈会和讨论会，向党外人士和普通群众宣传党的方针政策。此外，社会民主党还注意加强与包括生态运动、女权运动在内的各种社会运动和群众性组织的联系，吸收其中有益的思想成分，并通过联席会议、俱乐部、党的论坛等各种交流平台，与各阶层群众加强对话与联系，使其加入到党的活动中来。在此基础上，社会民主党广泛吸收民意，以保证决策的民主性和科学性。此外，社会民主党也加强了与其他政治组织的联系，如逐渐形成各种利益集团法律规范下的协商和对话机制，在与各利益集团的相互妥协中实现社会各阶级利益的均衡。

总之，欧洲多数社会民主党通过这些直接民主、半直接民主和基层民主措施的实行，有效激发了公民政治参与的积极性，提高了公民对党的认同和支持。

第六节　组织纪律:严格党的纪律,加强党的监督

党的组织职能能在多大程度上发挥出来,党的组织资源能在多大程度上聚合起来,都取决于党的组织纪律的严明程度和具体实施程度。党内派系林立和党内斗争合法化是欧洲社会民主党的主要特征之一。作为执政党,如果不能很好地管理自身,就有可能被别的政党所取代。为此,欧洲社会民主党为保障党内民主的真正实现,进而赢得党的执政地位,进一步严格了党的纪律,加强了党的监督。

一、严格党的纪律

(一)加强对党的高层的纪律约束

近些年来,欧洲社会民主党以议员为主体的党的精英违反党纪的现象屡有发生,极大地破坏了党的形象,动摇了人们对党的信心。严格党内纪律,加强对党的高层的监督和制约迫在眉睫。

英国工党为了强化高层领导圈的重要作用,对党的上层领导制定了严格的组织纪律,加大了对党内违反纪律者的惩处力度,规定党的议员、发言人和各级选区党组织必须谨言慎行,其活动和言论应当受到中央的指导和监督,否则会受到党部的纪律处分。工党规定内阁大臣和高级官员参加记者的访谈后也必须向特定的新闻机构报告访谈的相关内容,将反对党的新政策的人排除出党的领导层甚至开除出党,下院议员的文件也由党组织统一保存。对于工党对议员们管理和监督的督导员制度,工党也进行了改革。1995 年,工党把原由议员选举产生的议会总督导改由领袖直接任命,对议员们采取高压政策;督导员用强制的办法使该党的议员按照党规定的方针在议会中发言或者投票,并采取督导谈话警告甚至开除出党的方法严格控制议员们的行为;议员们违反党的纪律无异于拿自己的政治前途开玩笑。参加党的年会的议员们也只能讨论布莱尔领导的政策论坛所提出的文件,而且只能对文件进行表决而无权对其修正。

德国社会民主党在"冷战"后也加强了对党的高层的纪律约束，明确提出"纪律是民主的美德"，虽然允许也欢迎政策制定前进行广泛的讨论甚至进行激烈的争论，但是党内一旦作出决定，高层就必须坚决贯彻执行。德国社会民主党还要求议员们在议会中不能背离自己的议会党团，当通过法律文件时，议员们必须准时到场，投票时也要和本党保持一致；规定党员们对党的批评也仅仅局限在党内，而且应该在相应的责任委员会中进行："不团结的行为是故意将党内矛盾公布于众，听任社会民主党的形象受损"[①]，以建立党的领导层团结一致的"统一形象"。

瑞典是世界上公认的最廉洁的国家之一。瑞典社会民主党对党的高层管理十分严格，不赋予他们相关特权。国家只给议长、首相、外交部长、国防部长等少数高官配备公车。其领导人们也身体力行，不搞特权，住在普通住宅区中，其亲属也与普通人无异。

（二）制定和完善相关制度和规范

社会民主党十分重视党的廉政建设，制定了多种制度和规范来约束党员们的行为，保证党在人民心中的廉洁公正形象。

近些年来，德国社会民主党深受腐败问题困扰。2002 年，社会民主党科隆分部就卷入"政治献金门"，包括前国防部长鲁道夫·沙尔平在内的 50 多名党的高层官员被牵涉其中，极大地破坏了党的形象。为此，社会民主党加大了对腐败的惩治力度，重塑政府廉洁形象，对于违纪党员除进行警告、记过、撤职、停职四种形式的处分外，对有争议的处分由"党内法庭"作出裁定，错误情节严重的党员要开除出党。

瑞典社会民主党虽然长期执政，但是其政治丑闻却并不多见，政府廉洁度也一直都在世界前十名以内。廉洁自律是其能够得以长期执政的重要原因："瑞典是富国，但富而不奢，不摆花架子，更不搞特殊化。偶有违

① ［德］卡斯滕·史丹德尔：《德国社会民主党的党组织和党内民主》，载周敬青主编：《中德政党理论与实践研究》，中共中央党校出版社 2005 年版，第 209 页。

法乱纪的，但舆论监督很严，一经揭发，立即依法处置。”[①]这在长期执政的政党中也并不多见。其关键就在于瑞典社会民主党充分认识到了权力腐蚀的重大危害，用相应的法律和制度加以规范干部的行为，干部们也把廉洁自律作为基本要求来约束自己。

丹麦社会民主党对于执法者之一的警察管理十分严格，对其纪律情况经常性地进行统计和分析，然后用这一十分直接和明显的标准来约束干部们的行为，预防潜在的违纪现象，减少拥有权力的人滥用权力的现象。

二、加强党的监督

(一)培养民众的监督意识，从源头上预防腐败

欧洲社会民主党十分重视对公民的思想道德教育，注重培养公民们廉洁为荣、贪污为耻的道德意识，从而使人们从心理上排斥和鄙视贪污贿赂行为。同时，社会民主党注重培养公务员的公共服务道德和操守，形成健康的公民道德体系和廉洁自律的良好社会氛围。

法国社会党认为首先必须重视防范反腐败，为此，法国从小学到大学都开展反腐败教育，使国民们从小就树立起反贪和廉洁意识。公务员们也要经过各类培训之后才能上岗。瑞典社会民主党长期以来能够保证其廉洁形象的重要原因就在于党十分重视从思想上对公民们进行廉洁自律教育，在公正、公平理念指导下形成了无所不在的公众监督力量，从而有效地预防和减少了腐败问题的发生。

(二)综合利用各种监督手段，形成全方位的监督体系

分权与制衡是西方国家重要的宪法原则，在政党组织上就体现为三权分立制度。这一制度形成了议会党团、执政党政府和党的全国委员会三种力量，三者互相制衡，互相监督，防止权力的滥用，反对党也会利用自

---

① 吴江：《瑞典式社会主义考察——读〈一篇迟到的考察纪要〉》，载《社会主义论丛》2002 年第 9 期。

已在参议院和众议院的影响力监督执政党的执政，再加上西方社会强大的舆论力量，最终形成了议会、司法、政党、新闻和舆论等各种手段综合作用、相对较为完善的监督体系。

德国社会民主党的监督体系十分完善。它不仅建立了完善的党内监督机制和法律制度监督，而且也接受公开的舆论监督，还设立了监察委员会和仲裁委员会两个独立的政党监督机构。另外，还有一些临时设立的调查委员会，负责处理党内发生的争执和纠纷，在党章中也规定了具体的“调查和确认程序”以及“党纪审理程序”，对党的各项工作加强监督，秉承“公开、公正、透明”的原则处理党内事务。

瑞典社会民主党的权力监督更有特色，议会、政府、司法、舆论和社会等各种监督紧密配合，形成了一套全民参与、完善有效的系统的制衡和监督机制。代表基层俱乐部的妇女、青年、学生和基督教委员会四个分支机构的主席，会列席党的中央委员会和中央执行委员会的会议并对党的相关决策进行监督，代表着基层的心声对党的决策实行有效的监督。

此外，欧洲社会民主党还为各种利益集团提供场所等便利条件，有意引导和拉拢各种利益集团，以便最终建立拥有足够监督压力，又不威胁党的执政地位的党外监督机制。

第七节　组织目标：重新阐释社会主义，以自由、公正和互助为主导

在社会民主主义前期发展史上，其目标一直是建立一种新的经济和社会制度来取代资本主义制度，而不是对资本主义进行修修补补。社会民主党也一直坚持要用公正的社会主义代替不公正的资本主义。20 世纪 50 年代，随着社会生产方式和社会结构的变迁，社会民主党开始淡化意识形态以冲破阶级政治的束缚，但是仍然保留了社会主义的奋斗目标。直到“冷战”时期，欧洲各国社会民主党虽然坚决排斥苏联和东欧的社会主义，但是在它们的纲领中仍然留有“消灭阶级，消灭剥削，取代资本主

义”的主张。东欧剧变的巨大冲击从根本上动摇了欧洲社会民主党的民主社会主义信念。保守主义者和新自由主义者更是极力宣称社会主义已经彻底失败，民主社会主义成为历史，使民主社会主义在欧洲跌入低谷，同时也使社会民主党对党的奋斗目标产生了怀疑。他们逐渐放弃了公有制，不仅明确划清了与“现实社会主义”的界限，而且还逐渐淡化了社会主义对资本主义的替代意向，而是改为对资本主义的改良，形成了对资本主义的认同，从民主社会主义不约而同地转向了社会民主主义。东欧剧变给社会民主党造成了巨大声誉损失，加上新保守主义又借机发动新一轮的猛烈进攻，社会民主党人在党的理论上逐渐迷茫，对党的社会主义目标产生了认同危机。

一、重新阐释社会主义的奋斗目标

随着苏东现实社会主义的失败，社会主义的信誉被大大损害，很多人对社会主义制度产生了反感，在实践中也逐渐认同资本主义。但作为一直信奉民主社会主义的左翼政党，社会民主党又不可能完全与社会主义决裂。如法国社会党虽然放弃了革命愿望，也放弃了生产资料公有等主张，但还是保留了社会主义目标。同时，为了让更多的人接受社会主义，社会民主党对其社会主义目标进行了深刻的反思。

（一）名称上弱化社会主义色彩

“冷战”后的社会民主党对于“社会主义”这一概念的使用谨小慎微，生怕人们会将其与社会主义的苏联联系在一起。社会民主党主张将“民主社会主义”改为“社会民主主义”，以淡化其中的社会主义因素，突出其中的民主主义因素。在1992年社会党国际第19次代表大会上，社会民主党就用“社会民主主义”取代了使用了50多年的“民主社会主义”一词。英国工党为求得更多选民的支持，在组织目标上更加淡化阶级色彩，通过价值观念的更新，突出“人民党”的特征，力求使工党成为一个能够为不同阶层和群体接受的政党。在1995年4月召开的工党特别代表大会上，工党修改了党章第四条，用“社会民主主义”取代了原党章中的“社会主义”

承诺。随后,布莱尔甚至想使工党彻底"非社会党"化,将"社会主义"改为"关于社会的主义"[1],并按照第三条道路的方式缔造新工党,将一直重视意识形态的传统政党变为以上台执政为主要目标的现代政党。传统上,德国社会民主党是一个十分重视理论和意识形态的党,但"冷战"后其关于社会民主主义的争论却最为激烈。党内甚至就"社会民主主义"取代"民主社会主义"一词问题展开了广泛而又激烈的争论。虽然这一争论最终没有定论,但在所有的文件中,"社会民主主义"基本上取代了"民主社会主义"。

(二)内涵上强调社会主义伦理价值

"冷战"后,很多社会民主党人主张应当逐渐放弃社会主义对资本主义的制度性替代,转而强化社会主义的伦理价值。在很多学者眼中,社会主义也不再是一种社会制度,而是一种社会运动和社会实践,是一种基于个人责任、家庭伦理和社会道德基础上的人们之间的伦理关系。如布莱尔就认为应当重新发现社会主义真正的含义。他本人认为社会主义是一种道德上的主义:"在我看来,社会主义从来就不是指国有化,也不是指国家的强权;它不仅仅是指经济,甚至也不仅是指政治。它是生活的道义目的;一套价值观;对社会、对合作、对共同完成我们个人无法办成的事情的信念。它是我努力度过一生的方式。"[2]瑞典社会民主党在早期的理论中就倾向于从福利的角度来解释社会主义。党从1932年到2006年累计执政达60多年,也得益于其内容广泛、覆盖面广、福利标准较高的福利政策。"冷战"后,瑞典社会民主党也刻意回避制度上的社会主义,更多地从抽象意义上、伦理道德上去谈论和描述社会主义。

(三)不再强调社会主义对资本主义的替代

社会民主党人对资本主义的批判虽然不可避免,但"冷战"后其已不

---

① 肖枫:《社会主义向何处去——冷战后世界社会主义运动大扫描》下卷,当代世界出版社1999年版,第666页。

② [英]托尼·布莱尔:《新英国——我对一个年轻国家的展望》,曹振寰等译,世界知识出版社1998年版,第76页。

再刻意强调社会主义对资本主义的替代。如今的社会民主党人普遍认为资本主义还是有一定的生命力的，经过一定的改革和管制是可以被驯服的，不必再刻意强调社会主义必须代替资本主义。正如吉登斯所说："社会主义不再是对资本主义的一种替代选择，现在还没有一个备选的社会形式存在。"[①]德国社会民主党理论家霍·海曼也说过："社会主义在理论上和实践中设计并实际建立一个替代的经济制度的尝试，应被看作是最终失败了。按纯经济的标准衡量，虽然存在着对资本主义市场经济制度的种种替代选择，但是只有比它更差的，却没有比它更好的。"[②]在此情形下，当今的任务是保持目前的体制并对它加以改进。[③] 1992 年 9 月在社会党国际第十九次代表大会上所发表的声明中，强调社会民主党人"将按照社会党国际的指导原则的精神——自由、团结和与社会公正相结合的民主——继续为一个生活在和平以及与自然的协调一致中的世界而奋斗"，而未提到十八大原则中的社会主义理想和社会主义目标，即社会民主党的目标和任务已变得越来越模糊。

1995 年，在英国工党特别大会上，布莱尔提出将追求生产资料公有制变为追求社会公正、充满活力的混合经济、民主的社会和健康的环境等等。这种提法就将公有制变成了一种实现社会公正的手段，从而也在制度层面上否定了公有制，放弃了实现公有制社会的目标。布莱尔也宣布："我们的使命是促进并协调四个价值观念，即个人价值平等、机会均等、责任和社会意识"，以实现"一个能够最大限度发挥所有人的个人自由和潜力的公正社会"。[④] 工党提出放弃代表工人阶级利益的立场和社会主义

① ［英］安东尼·吉登斯：《第三条道路——社会民主主义的复兴》，郑戈译，北京大学出版社 2000 年版，第 176 页。

② 海曼：《东方社会主义崩溃后的西方民主社会主义》，引文见中央编译局社会主义研究所：《当代国外社会主义：理论与模式》，中央编译出版社 1998 年版，第 261 页。

③ 参见［英］安东尼·吉登斯：《第三条道路——社会民主主义的复兴》，郑戈译，北京大学出版社 2000 年版，第 36 页。

④ 陈林、林德山：《第三条道路——世纪之交的西方政治变革》，当代世界出版社 2000 年版，第 7 页。

的奋斗目标,以取得选举胜利,推行民主、平等、自由等观念为党的新的奋斗目标,把工党从一个组织工人运动的政党变成一个选举型政党,闭口不提对资本主义的替代。

1985年,德国社会民主党成立了由党的主席勃兰特领导的、专门负责起草党的纲领的基本价值委员会,并经过四年的调查研究通过了党的新纲领《柏林纲领》。在这份新的纲领中,社会民主党也提出自已"已从一个工人阶级的政党转变为人民的政党",要"为一切人的自由和公正服务"。冷战的结束使德国社会民主党更是认为"现实社会主义"是"经济上、生态上、政治上和伦理上彻底失败的制度",并坚决与其划清了界限。这一点也反映在社会民主党的政策中。正如其党主席弗兰兹·明特费林所说:"我们未来几年内的政策目标将是就业、社会安全和每个人有尊严的生活",是要"建立一种新的和更加美好的制度和没有阶级、没有特权、没有歧视、没有相互排斥的社会"[①],从而将社会主义的目标进一步模糊化,将重心放在人民生活的改善上。

瑞典社会民主党在1990年的党纲中就已经放弃了长期坚持的"社会主义"奋斗目标,强调社会民主党的目标是以民主思想影响社会及其成员的关系,使每个人都有机会享受丰富而富有意义的生活。在2001年的新党纲中,瑞典社会民主党又一次提到要放弃社会主义的奋斗目标,强调:"社会民主党致力于建立一个以民主理想和人人平等为基础的社会","我们的目标是建立一个无贵贱高低,无阶级差别、性别歧视和种族歧视,人人被需要,人人有位置的社会。人人享有同等权利和同等价值,所有儿童都能成长为自由的、独立的人。这里人人可以管理自己的生活,都可以通过平等的、团结的合作,对社会问题寻求符合共同利益的解决"。[②] 这其中强调了自由的无可比拟的重要性,对资本主义的批评也仅停留在经济和社会层面,政治层面则尽量回避。此外,瑞典社会民主党提出要把党建

---

① Uwe Hessler, "SPD pres dent election manifesto", http//www.dw-world.de/dw/article/0, 1564,1640046,00.html, July 5, 2005.

② 高峰译:《瑞典社会民主工人党党纲》,载《当代世界社会主义问题》2003年第1期。

成一个跨阶级的多元化现代政党。为此，瑞典社会民主党在坚持“人民之家”理论[1]的基础上，推行阶级合作和阶级妥协政策，不仅将反对党的政策吸纳进自己的政策中，而且为与其他反对党相抗衡，还与其中一个反对党结成执政联盟，组成联合政府。

二、以自由、公正和互助等核心价值为主导

(一)坚持民主社会主义核心价值的根本原则不变

民主社会主义原是期望在资产阶级民主共和国框架内通过改善议会制民主和政党政治，对资本主义制度进行逐步的改良或“纠正”的改良主义政治思想体系。民主社会主义强调要建立一个“自由、平等、没有阶级特权的团结互助的社会”[2]。在欧洲社会民主党的纲领性文件《哥德斯堡纲领》中，民主社会主义把自由、互助和公正作为其基本价值。其中，自由是指“摆脱任何有损于人的尊严的依赖关系”，在政治上实行多党制，在经济上实行市场经济，在思想上主张多元化；公正是“给每个人提供同样的权利和均等的生存机会”，经济生活中的分配应当公正；互助是所有社会成员的同舟共济，是社会领域的团结与合作。同时，民主社会主义明确提出：“社会党人的奋斗目标，是以民主方法建立一个自由的新社会。”[3]在其后的纲领修订中，民主社会主义也一直坚持着这些核心价值。

“冷战”后，各国社会民主党仍继续强调自身的基本价值取向。其组织上的变革也并没有放弃党的基本价值观。如英国工党虽然一直强调自己是新工党，但是也并没有放弃民主社会主义的核心价值；德国社会民主党在“冷战”后在价值观上也仍然坚持自由、平等、公正、团结互助等民主社会主义的核心价值观。2007 年 10 月，德国社会民主党在重新制定的

---

① 瑞典社会民主党第二任主席阿尔宾·汉森于 20 世纪 20～30 年代提出的著名理论，它认为国家好比一个家庭，人人都希望这个家庭的基础是一致和团结的，而不是对立和分化的。这一理论主要由三大要素构成，即平等、福利和阶级合作。在“人民之家”理论的指导下，瑞典社会民主党开始推行各阶级、各政党共同参与的阶级合作主义。

② 《德国社会民主党基本纲领》，弗里德里希·艾伯特基金会出版，第 29 页。

③ 《各国社会党重要文件选编》，世界知识出版社 1959 年版，第 4 页。

《汉堡纲领》中，再次强调社会公正，并再度确认“自由、公正和团结互助”是社会民主党的基本价值，“自由、公正和互助在过去和现在都是自由的、民主的社会主义的基本价值。它们始终是我们评价政治现实的标准，是衡量更美好的社会制度的尺度，是社会民主党人行动的指南”[①]。瑞典社会民主党是民主社会主义理论最忠实的信奉者和实践者，在九次党纲的修改中都讲到党的价值观问题。而且其对于价值观的提法也一直大同小异，自始至终都强调自由、平等和团结在党的民主生活中的重要作用，认为自由、平等、公正和团结共同构成了民主社会的基础，同样，也只有民主社会才能实现自由、平等和团结。这一思想还应当贯穿到政治、经济、社会和文化等各个领域中去。正如社会民主党的一些理论家所说：民主社会主义所追求的并非是一种新的社会模式或是一种新的经济与社会结构，而是一种由“自由”“公正”“互助”的基本价值加以界定的规范性的政治和伦理思想。[②] 即社会民主党追求的是一种更加美好的社会规划，认为这个社会应该比现在的社会更加接近自由、公正、互助等基本价值，其所要建立的社会主义也是一种能促使每个人都能充分发挥其能力的社会，是为和平、反法西斯、民主、社会公正、妇女权利与生态保护而战的社会。

（二）修正社会民主主义的核心价值的具体内涵

虽然各国社会民主党在冷战后仍然坚持其核心价值的原则不变，但各党都根据变化了的政治、经济和文化形势对其内涵进行了延伸，对传统价值观进行了新的解释：如认为自由还意味着为集体和个人承担更多的责任；“公正”不但是“分配和结果的平等”，还包括“机遇公正”和“起步条件的公正”，要体现机遇平等和保障个人有自我发展的条件，即使最终出现“结果上的不平等”也可以认为是公正的；“互助”应当是在个人自由和

---

① 张文红译：《德国社会民主党基本纲领（汉堡纲领）》，载《当代世界社会主义问题》2007年第4期。

② 参见王学东、陈林：《九十年代西欧社会民主主义的变革》，中央编译出版社1999年版，第67页。

负责任基础上的互助，强者应当帮助弱者，承担更多的责任。在社会公正和经济效益的关系上，也由过去的社会效益优先于经济效益转为经济效益优先于社会效益。

新工党的"形式新"过于"内容新"，只是"新工党的基本信条是必须将传统的价值观以新的方法运用于新形势之中"[①]。即在新形势下，新工党应重新解释党的核心价值的内涵，如在平等问题上更强调机遇的平等和才能的平等。

德国社会民主党在冷战后也一直坚持平等、自由、公正等核心价值观，但对其内涵进行了重新界定。如社会民主党认为平等不是平均主义，要强调机会平等、个人自由与社会义务的平衡；在强调机遇平等的同时还强调所有人都有均等的生活机遇，尤其是要给弱势群体一定的生活保障，并通过社会再分配保证社会安全，同时要兼顾"效率与公平""发展与正义"之间的关系，以建立新型的个人与社会的关系；"公正"具有相对性，允许暂时的不公正现象存在有利于社会长期的发展和多数人利益的实现。

瑞典社会民主党面对"冷战"后意识形态在社会中面临的诸多问题，其思想内涵也略有调整。如对于平等原则，其不再强调分配上的平等追求，而转为强调平等的多样性和机遇上的平等，认为人们有选择差异和发展个性的自由，真正的平等不仅要求能够公正地分配经济力量和资源，而且也能公平地获得教育和接受文化的同等权利，给予每个人发展和参与的同等权利。[②] 在其所有价值理念中也更强调民主，把民主作为最核心的价值理念。

2008 年 6 月，社会党国际二十三大在雅典召开。大会的主题是"全球团结：变革的勇气"。社会民主党强调面对全球环境和资源危机，必须进行变革，并申明社会民主主义的核心价值是"人民、民主和自由"。这表明，社会民主党在其核心价值观的定位上，意识形态色彩已经基本消失。

---

① ［英］托尼·布莱尔：《新英国——我对一个年轻国家的展望》，曹振寰译，世界知识出版社 1998 年版，第 264 页。

② 参见高峰译：《瑞典社会民主工人党党纲》，载《当代世界社会主义问题》2003 年第 1 期。

重新界定内涵后的民主社会主义既保留了其原有价值的基本内涵，又吸收了新保守主义的成分，一方面反对自由放任，另一方面又强调社会公正。

总之，当代社会民主党的组织目标发生了巨大变迁，已经变成了没有明确政治目标，也不再挑战现存资本主义制度的党，已经对资本主义制度本身实现了基本认同。他们认识到资本主义制度是他们当前唯一的选择。现在的变革也只是在资本主义框架内对各种具体政策的改良，是对现行制度的修修补补，目的是赢取更多选民的支持。即社会民主党意识到，在后"冷站"时代的今天，除了资本主义制度外，没有别的选择，现在的问题是以什么方式来控制和管理资本主义："现在几乎再没有人认为除了资本主义我们还有别的什么选择。于是剩下来的问题或争论所关注的，是应当在何种程度上以及以什么方式来对资本主义进行管理和规治。"①因此，如果说19世纪的社会民主主义者是资本主义制度的掘墓人，20世纪的民主社会主义者是资本主义制度的医生的话，那么，经过此战略调整之后的西方各国社会民主党人在某种程度上已经变成了资本主义制度的保姆或按摩师了。②

综上所述，当代欧洲社会民主党对其组织进行了一系列的变革，虽然各国根据本国的国情采取了各具特色的变革路径，但概括而言，欧洲社会民主党组织的变革有着一定的共性。这些共性主要呈现出以下特点：

一、更加务实

坚持实用主义是欧洲社会民主党的显著特点之一，也是其长期得以执政的重要原因之一，这一点在社会民主党组织上的变革中表现得更为突出。可以说，当代欧洲社会民主党的组织变革是一场实用主义的变革。

---

① [英]安东尼·吉登斯著：《第三条道路——社会民主主义的复兴》，郑戈译，北京大学出版社2000年版，第46页。

② 参见刘玉安：《从民主社会主义到社会民主主义——苏东剧变后西欧社会民主党的战略调整》，载《当代世界社会主义问题》2008年第4期。

这种实用主义主要表现在两个方面：一是在理论上兼收并蓄。各国社会民主党都刻意淡化"左"与"右"的意识形态分歧，吸收其他政治力量的价值观，只要是民众喜欢的都可以吸收进来。二是在实践中摒弃一切无谓的争论。把注意力放在现实问题的解决上，抛却意识形态的先决条件，能够实施的就是行得通的。社会民主党在制定政策时，只是针对自身所面临的各种问题，其中可能有的政策很激进，有的可能比保守党还要保守。

具体来说，当代各国社会民主党组织的变革是在保留传统社会民主主义合理内容的基础上，根据时代发展进行的，只为能赢得选举，获取执政地位。他们在竞选中也故意淡化党的阶级色彩和党的长远目标，大力宣传迎合广大选民要求的实用主义口号，甚至不惜为此牺牲民主社会主义的基本原则，放弃传统的公有制目标和国家干预经济的思想，把国家与市场结合起来，使其更加符合资产阶级的利益，也能迎合中产阶级的口味。正如施罗德所说："旧的意识形态已被历史的力量所压倒，我只对当前起作用的东西感兴趣。"[①]为此，他明确表示，他推崇实用主义政治，什么政策能产生最佳效果就采用什么政策。而他既不是左派，也不是右派，就是他自己。瑞典社会民主党的实用主义色彩更为突出，1994 年重新上台执政的瑞典社会民主党不顾工会的强烈反对，实行保守党的削减政府开支、控制政府预算政策的同时，大力调整社会福利。而当 20 世纪 90 年代末财政状况好转以后，瑞典社会民主党又及时回调了社会福利。

变革后的欧洲社会民主党彻底突破了传统的社会主义——资本主义两分法思维定式，把实现经济增长、增加就业机会和提高人民生活水平等作为施政重点，把人们看得到的实惠摆在眼前，采取具有更大包容性和可变性的灵活务实政策，来争取选民最大化。此时对欧洲社会民主主义的类型划分已经基本上没有什么实际意义了，各国政府都在大谈"多研究些

① 转引自宋以敏：《西方新生代领导人与社会民主主义思潮》，载 1998 年 12 月 25 日《光明日报》。

问题,少谈些主义”。事实上,选民们所需要的也不是政党能够为他们设想一个“美好未来”的世界观,而是政党能够尽快解决他们所关心的各种现实社会问题。但是这种实用主义变革既可以使社会民主党在选举中掌握一定的主动权,又往往会使变革失去方向。

二、更为开放

当今世界是一个开放的世界,政党政治原有的封闭模式已不能满足人们参政的需求。社会民主党也充分认识到了这一点。在“冷战”后,社会民主党进一步扩大党的开放性,以使社会民主党成为“跨阶级的政党”和全民党。为此,社会民主党不仅积极采取措施使党内事务透明化,通过各种党刊、党报公布党的政策纲领,切实保障党员们的知情权,还赋予党员批评党和党的领导人的权利。在党的重要事务的讨论中,社会民主党也邀请党外专家、大学学者和其他人士广泛参与其中。

德国社会民主党的开放程度较大。施罗德提出,要把德国各行各业“创造效益的人们”“想在职业中和社会中找到自己的位置,以便实现自己的工作愿望的人”和“正在寻找培训和工作机会的年青人,以及一切不甘忍受失业和不公正现象的人”都包含在社会民主党要争取的“新中派”中。他还在竞选纲领中号召:“我们邀请一切社会力量与我们合作,为实现我们对现代化和公正的德国的设想而共同努力。我们要所有的人都有工作并过上富裕的生活。我们把自己看成是强者和弱者团结互助的共同体。”[①]即党的组织要充分向党外开放,向一切拥护社会民主主义的人开放,吸收各行各业的精英入党,在联邦议会党团中也至少要有10名党外人士。其纲领政策也不再只为工人阶级谋利益,而是谋求各阶层的普遍富裕。英国工党为了提高党的吸引力甚至还开放了内阁,吸引其他政党人士参加。这种开放性特征极大地拓宽了党的活动内容和形式,满足了不同层次社会群体的要求,进而吸引了更多的选民。

---

① 《劳动、革新和公正——德国社会民主党1998年联邦议会竞选纲领》,第12、13页。

三、注重形象

东欧剧变使包括社会民主党在内的左翼政党受到了巨大冲击，形象一落千丈。在新的形势下，为谋求执政，客观上也需要社会民主党重塑政党形象。而且在新的社会条件下，党的直观形象在选举中发挥着越来越重要的作用，有时甚至比党的政策更重要。因此，形象问题一时成为各党关心的重要问题。各国社会民主党普遍认为党的形象关乎党的前途，党的变革就是要改变旧形象，塑造新形象，使党变得更有吸引力。

"冷战"后，社会民主党要打造出自己摆脱党派、阶级之争，专心致力于关心和实现每一个人利益的大众政党形象，为此，各国社会民主党都雇佣了形象顾问或者咨询专家，在改变党的形象上下足了功夫。尤其是英国工党。布莱尔在上台前就提出了"缔造新工党，建设新英国"的口号，上台后更是进行大幅度改革，用"新"字粉饰全党，决心要带领一个新工党和新英国走进新世纪。他在咨询专家的指导下，精心打造工党蓬勃向上、团结奋进的现代化政党形象。在工党的不懈努力下，其形象焕然一新，一个权力分散、党内极化、中央权威虚弱的旧工党在 20 世纪 90 年代被强有力的中央集权型新工党所取代。领导人们也改变了大手大脚花钱的形象和旧式的工联主义面貌，穿上了优雅得体的时装。布莱尔在 1995 年修改党章的特别会议上宣称："今天，一个新的工党正在诞生。"[①]这个"新工党"要通过"新经济"建设"新英国"。变更形象后的工党迎合了选民期待新面目和建立充满活力的政府的愿望。再加上工党在竞选中也大量使用"现代化""社会责任"等深受媒体欢迎的中立词汇来扩大党的影响，也因此得到了多数选民的认可，在选民中对工党仍然是工人阶级政党的认同也随之减少。布朗上台后，继续奉行布莱尔的改革路线，不仅努力打造"公平英国"的新形象，还刻意改变自己的强硬形象，积极表现自己的亲和力。

---

① Desmond King and Mark Wickham, "From Cliton to Blair: The Democratic Origins of Welfare to Work," *The Political Quarterly*, No. 3, 1999, p. 69.

德国社会民主党的主要领导人也都聘请了“新闻形象顾问”,以革新党的形象,使党以一个全新的、整体团结的形象出现在人民面前。

四、认同合作

“冷战”后的社会民主党为了能够重新上台执政或巩固其执政地位,政党政治竞争模式趋于弱化。他们强调在坚持资本主义制度和市场经济体制不变的前提下,缓和社会矛盾,均衡社会各阶级之间的利益分配,遵循“利益原则”,只要能够有利于党的执政地位和维护国家利益,社会民主党都可以摒弃前嫌,寻求共识。在多党制中,社会民主党也更加强调与其他政党和各利益群体之间的妥协与合作,实行以妥协政治为特征的阶级合作政策,淡化意识形态分歧,与昔日对手寻求互信与合作,以便竞争性政党之间形成联盟和共治。在这种思想的指导下,欧洲社会民主党频频与其他左翼政党或中间政党组成联合政府。如德国社会民主党在 1998～2005 年与绿党联合执政;从 2005 年起,与基民盟、基社盟组成联合政府。英国建立了工党与自民党对等参加的内阁协商委员会,就一些双方都感兴趣的问题进行磋商,在一些拥有共同利益的问题上展开合作。此外,社会民主党还加强了与其他利益集团的交流与合作,不仅专门建立了政府与各大利益集团间的沟通与协商制度,而且政府和议会在重要的立法提案和重大决策出台之前会先交给相关利益组织和机构进行讨论。

社会民主党的这种妥协与合作是党在逆境中的无奈选择,但也正是在这种理念的指导下,欧洲很多社会民主党借助他党的力量取得了执政地位。

第四章 当代欧洲社会民主党组织变革的成效评估

欧洲社会民主党的组织变革目前仍在进行之中，而且会继续进行下去："社会民主主义已经为了生存而不得不进行自身转型，但社会民主党人要想兴旺发达，还必须准备进一步革新。"[①]现在人们对其变革的成效不能简单加以评估。目前来看，虽然当前的社会民主党意识形态色彩越来越模糊，传统政党组织越来越脆弱，党员人数也越来越少，从总体上来看与右翼力量相比仍然处于弱势状态，自身也有很多在短期内无法解决的各种结构性难题和挑战，多数社会民主党也没有拿出有效应对全球化挑战的替代方案，也没有解决当前众多复杂社会问题的能力，但通过此次组织上的变革，欧洲社会民主党有效应对了来自全球化、信息化的时代背景的挑战，使党又一次经受住了考验，显示了社会民主党无比的适应性和强大的生命力。

① [英]安东尼·吉登斯：《第三条道路及其批评》，中共中央党校出版社2002年版，第32页。

第一节 评估政党组织变革成效的标准

一、组织目标是否得以实现

任何组织的建立都有其特定的目标，政党作为大型政治组织更是如此，而不同的外部刺激会对政党的目标产生不同的影响，当政党无法完成目标时就会面临着强大的变革压力，即为了保证党的目标能够得以实现，政党必须寻求组织上的不断变革。而对于变革后的政党而言，能否顺利实现其组织目标就成为衡量此次变革是否卓有成效的重要标准。

政党一般都有多个目标，也有当前目标和长远目标之分，但概括而言，多数西方政党的当前目标主要包括以下三种：(1)选票最大化；(2)职位最大化；(3)党内民主最大化。追求选票最大化的政党会为了获得更多的选票，进而赢得选举、获取执政地位不遗余力；追求职位最大化的政党则更为关注党参与政府的能力，要将更多本党精英送入政府；而执政根基相对较为稳定的政党为了增强党的执政能力和执政水平，会更强调党内民主的建设。在这些当前目标中，总有一个最为重要的目标。政党总是会为了这一首要目标的完成而暂时弱化其他目标。

西方政党一般以获取公共权力或对公共权力施加影响为首要目标，社会民主党亦是如此。与实现社会主义的长远目标相比，社会民主党赢得大选，获得执政地位的当前目标更为迫切，即选举是其生存、发展和变革的动力。他们只有在竞选中获胜才有掌握公共权力的机会，才能进一步实现自己的政治理念和施政方案。尤其是对于“冷战”后长期在野的欧洲社会民主党来说，赢得选举，重新得以上台执政更是其首当其冲的重要任务。因此，“冷战”后的社会民主党更加重视选举，了解选民的政治偏好，争取选票最大化。党的组织体系运行的主要任务也是组织竞选，并尽其所能取得大选的最终胜利。党的各级组织也都把组织选举作为党的中心任务和主要工作来抓，在职的议员和官员们也把大量的时间、金钱和精力用在赢得连任上。

二、组织职能能否充分发挥

政党职能是政党应当具有的政治品质和政治技能，所强调的是政党“应然”，即政党“应有”“应做”的问题。这些职能是由政党本质所规定的。政党一般具有六大职能：(1)组织动员职能，即政党所应具有的最大限度地发现、集合、调动社会各方面力量为实现以本阶级为基础的经济、政治和文化发展目标服务的政治品质和政治技能；(2)价值导向职能，即政党所应当具有的为国家政治和社会生活提供价值导向的政治品质与技能；(3)桥梁中介职能，即政党所应具有的把社会公众和国家政权有机联系起来的政治品质与政治技能；(4)人才保障职能，即政党所应当具有的通过人才供给和组织体系的力量，保障国家政权运转方向与本党价值取向相一致的政治品质和政治技能；(5)利益协调职能，即政党所应当具有的将社会构成的各方面、国家系统的各个部分的具体利益诉求从根本上统一到国家基本价值取向的政治品质和政治技能；(6)发展稳定职能，即政党所应具有的维持政治秩序、促进社会稳定发展的政治品质和政治技能。[①]这些职能能否得以充分发挥是衡量政党组织是否具有生命力的重要标准。一个合格的现代化政党，尤其是现代化的执政党，应当能够尽力实现党的相关职能。

与欧洲其他政党尤其是右翼保守党相比，社会民主党的组织程度较高。长期以来，党也一直有效利用各级组织来扩大党的社会基础和赢得广泛的社会支持，即党的组织在联系党的上下级关系和党与选民间的关系中承担着重要的职能。因此，我们必须对变革后的社会民主党的组织职能加以具体考察。

① 参见王韶兴：《政党职能问题探讨》，载《山东社会科学》2005年第3期。

第二节 组织上的变革对欧洲社会民主党的积极作用

经过十几年的不懈努力，欧洲社会民主党组织变革的成效初见端倪。变革后的社会民主党不仅在欧洲各国开始了新一轮的执政高潮，而且其影响力也呈现出越来越大的趋势。

一、党的当前首要目标基本实现

虽然从总体上来看，欧洲社会民主党仍然面临着来自党内党外的诸多挑战，但我们也要看到，变革后的社会民主党的影响力不断提高。其不仅仍是当前欧洲政坛上唯一能够与右翼新保守主义政党相抗衡的左翼政治力量，还迎来了新一轮的执政高峰。

（一）变革后的社会民主党重新成为欧洲政坛不容小觑的执政力量

处于严重危机期的社会民主党在经历了党的组织的一系列变革后，在20世纪90年代中期恢复了活力并向欧洲政坛发起了新一轮的猛烈冲击。欧洲政坛出现了多国社会民主党执政或参政的大好局面，即所谓的"粉红色的欧洲"或"社会民主主义的复兴"。在北欧，1994年，瑞典社会民主党旗开得胜，赢得了大选的胜利，打开了社会民主党在欧洲的胜利之门；随后芬兰、丹麦、挪威等国的社会民主党也先后上台执政。在西欧，英国工党在经历了"四连败"之后，于1997年击败保守党重新上台；法国社会党也在1997年的议会选举中取得了胜利。在中、东欧，继波兰社会民主党1995年赢得大选之后，捷克、马其顿、罗马尼亚和阿尔巴尼亚等国的社会民主党先后上台执政；德国社会民主党在1998年也顺利执政；在南欧，意大利左翼民主党也在1996年、1998年两次上台执政。到了20世纪90年代末，欧盟15国中有13个国家的社会民主党取得了执政或参与执政的地位，走出了80年代末90年代初的阴霾，重新以强有力的力量跻身欧洲政坛。即变革后的社会民主党在欧洲各国顺利上台执政，并发挥着越来越重要的影响，他们将获取执政地位、推行党的方针政策的目标变为现实。进入 21 世纪后，社会民主党再接再厉，继续凯歌高唱——英国工党和瑞典社会民主党在随后的两次大选中获胜，德国社会民主党也与基民盟和基社盟组成了大联合政府，继续上台执政。赢得选举，获得执政地位是竞争型政党发挥更大影响的前提基础。因此，从这个意义上来讲，欧洲社会民主党组织的变革是基本成功的。

但在随后的几年中，“政治钟摆”现象重现。欧洲有些国家的社会民主党在大选中失利，很多国家的政权又重新落入右翼政党手中，欧洲政治右倾趋势明显加强。如德国社会民主党在 2005 年和 2009 年的大选中均落败，瑞典社会民主党在 2006 年的大选中丧失执政地位等。社会民主党上升势头已经锐减。这说明社会民主党仍面临着许多重大挑战，还有很多深层次问题没有解决。但目前欧洲社会党仍是欧洲议会中的第二大党，其在欧洲主要国家仍然处于执政或参政地位，在各国乃至整个欧洲政坛仍是不容忽视的重要政治力量。

（二）社会民主党仍将是欧洲社会影响深远的中左翼中坚

自第二次世界大战以来，社会民主党的发展虽时有起伏，但一直是欧洲政治生活中的重要组成部分。“冷战”后的社会民主党虽然表现出“向右转”和“自由主义化”的倾向，宣称自己已不再是传统的工人阶级政党，也因此遭到了来自党内党外的各种批评，但社会民主党在一定程度上仍然保持了其社会民主主义的本质特征，为社会弱势群体和阶层争取“社会公正”的角色也没有改变。与右翼政党相比，社会民主党仍然代表着社会进步的力量，更强调社会公平和正义，更加注重社会福利政策，因此也更能代表中下层弱势群体的利益，其主要战略定位仍然是广大的社会中下层。很多党的领导人和广大党员干部对于社会主义的目标仍有很大认同，在组织上与工会的天然联系也很难完全割裂。即社会民主党的左翼特征短期内不会消失，长期以来形成的左翼政党形象在选民们的心目中也不会很快褪色，因此仍然是欧洲政坛具有代表性的左翼力量。此外，与以往相比，目前的社会民主党内部更加团结、稳定，党内派别之间的斗争较以往明显减少，选民的支持率也有一定程度的提高。社会民主主义仍是欧洲很多国家和民族的现实选择，社会民主党仍将是欧洲各国中左翼力量的稳固中坚，具体表现在：

在欧洲各国内部，社会民主党会继续作为中左政党活跃在各国政治生活中，短期内不会放弃其一向坚持的社会中下层和弱势群体利益代表的身份。欧洲政坛保守党与社会党分庭抗礼的基本格局短期内不会改变。其他的党如绿党、右翼政党、共产党或自由党虽在发展上各有千秋，但是短期内不可能取得突破性进展，也不可能单独执政。

在国际上，社会民主党也一直强调自己的中左价值观，提出要建立一个更人道、更文明的世界，主动承担自身的国际义务，在国际事务中发挥着越来越重要的作用。

二、有些组织职能得以更好发挥

社会民主党是组织程度较高的传统政党，党的各级组织一直发挥着重要作用。变革后的欧洲社会民主党充分利用现代化科学技术手段，更好地发挥党的相关职能。

(一)组织动员更有成效

当代社会民主党更为重视直接民主和基层民主的建设，赋予民众直接参与政治事务的权利，使群众更有参与的积极性。而且随着全球化、信息化的深入发展，大众传媒成为人们获得政治信息的主要渠道，人们可以通过现代化的媒体更多、更快地获得党的有关信息。普通党员和民众们能够更快捷地获得相关信息，也能通过更便利的渠道回馈信息。即党能在短期内迅速动员民众。大众传媒的广泛使用也使党的高层领导和普通民众的直接交流简单化。党的领袖们可以通过媒体加强与民众的直接对话，直接听取民意，扩大了普通民众对党的政策决策的直接参与，激发了公民政治参与的积极性和主动性，提高了公民对党的认同与支持度。同时社会民主党还开展与人们切身利益密切相关的各种运动，如养老金储蓄运动、防止手机被盗运动等等，并通过这些具体的活动加强与民众的直接联系。

社会民主党还将其现代化的大众传媒游刃有余地应用到选举中，用铺天盖地的信息动员选民，还通过媒体炒作候选人的形象，广泛宣传党的选举议题，通过网络搞民意测验调查选民倾向，并通过党的网站进行在线调查、在线聊天和发送电子邮件开展与选民之间的互动，及时了解选民的政策倾向。总之，党利用大众传媒比利用政党组织向选民传播竞选消息、聚拢民意更有效率。政党领袖也可以通过媒体直接面对基层选民，不需要大批党员进行各地区的选举动员和宣传。因此，候选人的一系列竞选活动可以抛开党的积极分子，以大众传媒为中心进行直接动员，而不必以党员为活动主体展开。此外，高等教育的发展提高了大众的政治参与能力，信息的迅捷使政治表达更加通畅，福利的提高也使公民有了更多的闲暇时间，这些都使选民可以更多地直接参与政治决策而对政治组织的依赖大为减少，他们也越来越不愿意接受传统的大众型政党所赋予自己的普通党员的那种相对消极的角色。① 而要整合这些具有高素质的人的愿望和意志，设立专门的机构进行有针对性的收集和分析，进而进行具体的组织动员要比以往依靠各级组织的活动更有成效。

此外，为了制定出真正体现民意的政策，社会民主党还号召党的干部们走出办公室，更直接地动员群众，到群众中去了解公众的呼声和愿望，去街头、酒吧、集市等人群相对集中的地方与人们交流，了解普通民众的要求。如工党领导人去老年之家、俱乐部、社区中心等人们集会的地方与人们直接交流沟通，还主动邀请各界人士举行各种聚会来倾听群众心声。这些面对面的交流更进一步加强了党与群众的密切联系。

（二）价值体系更具吸引力

与普通党员相比，政治精英们在党内和社会生活中的作用更为突出。美国政治学家加尔布雷斯提出了所谓的“满足的文化”。他认为，“冷战”

---

① S. E. Barnes and M. Kaase, *Political Action*: *Mass Participation in Five Western Democracies*, Beverly Hills, Calif.: Sage, 1979, pp. 18-32.

结束后，发达国家出现了一批心满意足的精英人士，他们是民主社会中的多数选民，更注重自己的追求；而下层阶级希望实现的要求不是这些精英的愿望，下层阶级通常包括移民和那些从不投票的人，因此他们关注的问题经常被边缘化。任何政党如果满足下层阶级的要求，他们必定失败。所以当政党吸引选民时，必须面向那些满足的精英阶层，而不是面向那些不投票的阶层。①

为了吸引中产阶级尤其是其中的精英们的广泛支持，当代欧洲社会民主党淡化了自己的阶级色彩，不再着重强调工人阶级的利益，而是着眼于所有阶级、阶层和社会群体的利益，强调自由、公正和团结互助的民主社会主义的基本价值。这种中性色彩十分浓厚的价值观更加具有包容性，对于普通民众，尤其是对于新兴社会阶层更加具有吸引力。即"冷战"后社会民主党基本上放弃了传统的阶级政治理念，改用社群理论作为自己的分析基础，因为这种建构在多元化社会群体基础之上的理论更能反映当今社会结构的多元化特征，也为其在工人阶级之外寻求到新的社会支持提供了理论依据，使社会民主党成为能被社会不同阶层和群体所接受的政党，以争取到更多的选票。

实践证明，阶级色彩不浓厚的价值体系设定能将更多的人吸引到党的组织中来。很多中产阶级认为这种价值体系能够基本满足他们的政治愿望和要求，能够体现他们的政治利益诉求，因而会支持社会民主党；而传统的社会中下层群众认为社会民主党虽然有"向右转"的嫌疑，但其所提倡的自由、公正和团结互助的核心价值在一定程度上能够体现普通民众的基本愿望和要求，党要通过社会改革建立更加自由、更加民主、更加公正的理想社会也完全符合民众们的政治心理。总之，淡化阶级色彩之后的欧洲社会民主党的价值体系对广大民众，尤其是越来越庞大的中产阶级有相当的吸引力。

① 参见史志钦：《全球化与欧洲社会民主党的转型》，中央编译出版社 2007 年版，第 236 页。

（三）利益协调更加快捷

由于“冷战”后各种社会力量的重组和社会系统的整合，社会上出现了越来越多的独立的社会利益主体和社会力量。这些新生的社会利益团体要求与政府分享权力。他们当中政治取向和政治愿望相近的人们会组成各种政治组织来参与政治生活，在政党之外为公民提供了一种可供选择的政治参与渠道的同时，也将民众的基本政治愿望和要求分块组合整理起来，有助于社会民主党全面把握广大民众的政治诉求。

对于与这些社会利益团体之间的矛盾，社会民主党也积极协调，在解决相关社会公共事务之前，召集各种社会主要力量来协商讨论，进行平等对话，综合各方的意见和建议。而此时政府的身份只是组织者和参与者，而不是命令者，其任务是在这种平等对话中集思广益，综合协调各方利益，减少各利益主体之间的冲突，在各大政策制定之前也会通过现代化的媒体向全社会征求意见和建议，而不是经过层级组织的层层分析和整理，然后综合各利益主体意愿后再制定和执行相关政策，以尽可能地减少利益冲突。总之，变革后的欧洲社会民主党在利益协调上更加快捷。

社会民主党也十分重视对于组织内部各部分之间的利益协调，以实现各部分之间的有机联系和密切合作。为此，社会民主党在“冷战”后进一步健全了执政党和议会、政府之间的权力协调机制，建立具体的机构，专门负责协调政府、执政党和议会间的矛盾。如德国社会民主党党内就设立了专门的政治部来负责党的总部与议会党团、政府和各州党组织之间的联系以及与工会等社会团体的联络。政府总理、党的总书记和议会党团的主席也会定期会面，商议各项问题，协调冲突，力图达到政府、执政党与议会权力之间的平衡。此外，为了维护党的主席团的权威，使各机构在开会时不会反对主席团的决议，在召开会议之前，党的各个机构会事先在不同层次上进行多次协调。

经过十几年的努力，社会民主党根据变化了的社会形势变革党的组织，基本实现了党的当前目标，使党的组织职能也在一定范围内得以更好发挥。如今，欧洲各国政治持续稳定，经济继续发展。

20世纪90年代,欧洲各国经济以年均2%的高速度增长。进入21世纪后,由于美国经济衰退的影响,有些欧洲国家的经济增长率有所下降,不到1%。但整体来看,多数欧洲国家仍能保持2%左右的经济增长速度,通货膨胀率一般不到2%,财政赤字占预算的3%以内,内债占GDP的比重也低于"马约"规定的60%的警戒线,投资收益率一般也能保持在3%以上。在今后的一段时期内,欧洲各国经济会继续平稳增长。

与经济上的平稳发展相适应,欧洲各国社会也相对较为稳定,其高福利的社会保障制度是其保持稳定的重要因素。虽然由于金融危机的冲击,欧洲各国失业率普遍提高,但社会民主党实行了积极的社会福利政策,增强人们自我发展的能力,以保持社会的稳定。

第三节　组织上的变革对欧洲社会民主党的消极影响

欧洲社会民主党组织的变革是适应时代发展的需要进行的,坚持根据实际需要和选举需要来制定政策,以提高党的吸引力、凝聚力,也因此得到多个社会群体的支持,党似乎找到了新的发展路径。但就目前来看,整个资本主义制度的演变正处在一个复杂而又十分不明朗的阶段,社会民主党内部对党的组织变革也存在着很大的分歧。而且作为传统的阶级政党,很多规则和认同都是长期习惯形成的,根据时代特点进行变革必然会产生一些新的问题:

一、党的长远目标被逐渐淡化

道尔顿和韦尔登认为,在老牌民主国家中,政党身份是引导人们参与政治的可辨识的机制。公众自身具备的党派性帮助其认识到政治的复杂性,并有助于将公众个人融合到政治信仰体系中。党派性也能刺激公众参与政治并进行投票选择。公众具有高度的政党认同,还可以减少选举届次的选票流失,有助于政党体系的稳固。因此,开放的现代化的政党认同对于稳固的民主制至关重要。[①]

近十几年来，社会民主党为了应对全球化、信息化带来的挑战，对党的组织进行了大范围、深层次的改革。虽然这种实用主义的改革增强了党的相关政策的灵活性，使社会民主党赢得了大选的胜利，得以重新上台执政或巩固原有执政地位，但对于一个要长远发展的政党来说，仅仅上台执政是远远不够的，而是要将这种执政地位尽可能长久地维护下去，并通过党自身的明确特色区别于他党。但"冷战"后社会民主党的改革淡化了其社会主义目标，具有明显的右倾化特征。这种做法不可避免地会削弱党的传统左翼政治特性，从长远来看会影响党的政治生命力。即变革后的社会民主党作为传统的欧洲左翼政党的身份特征正在慢慢失去，变得越来越没有特点。

(一)实践中，社会主义色彩逐渐减少

在"冷战"的巨大冲击下，各国社会民主党纷纷下台，政党组织松散，凝聚力和影响力都大为下降。在这种情况下，重新上台执政就成为各国社会民主党的强烈愿望。而要上台执政必须赢得中产阶级选民的支持，为此，社会民主党不得不在制定政策的过程中迎合这部分人的需求。即政党为了最大限度地争取选票，往往不是根据党的要求和利益而是根据选民的偏好来制定竞选纲领，政党政策的"中间化"也就不可避免。社会民主党为重返政坛不得不对其联盟伙伴一味退让，甚至放弃很多传统政策。研究英国工党史的理查德·赫弗南也指出，无论哪一个政党在台上，实际上都是工党执政，一种抵消的力量促使政党转向中间地带，政党冲突得以妥协，意识形态被边缘化。[②] 即为了争取庞大的中间选民的支持，现在的社会民主主义向左与右的中间移动，"自由"色彩越来越重，"社会"色

① Russell J. Dalton and Steven Weldon, "Partisanship and System Institutionalization," *Party Politics*, 2007, Vol. 13, No. 2.

② 参见[英]理查德·赫弗南:《新工党和撒切尔主义:英国的政治演变》,麦克米伦出版公司2001年版,第41页。

彩越来越淡。从某种程度上，可称现在社会民主主义为“自由社会主义”。[①] 在这种一团和气的氛围中，党与党之间也更容易达成妥协。近些年来社会民主党与其他政党组成的中左联盟、中右联盟甚至左中右大联盟层出不穷。而民众对党的忠诚度和认同感却都在下降，社会民主主义的基本价值和政策原则都面临着严峻的挑战。

变革后的社会民主党的纲领和政策经过多次修改后变得内容繁杂却目标模糊，与其他政党的趋同现象更加明显。新的纲领和政策去除了一些富含社会主义因素的敏感政策，将政策关注的重心放在民众关心的现实问题上，如发展经济、增加就业、保护生态环境、改善社会福利和提高人民生活质量等等，力求建立一个更加公开、公正繁荣的社会。如英国工党一直以来坚持国有化主张，到了20世纪90年代也不再坚持，这就与保守党的立场大大靠近。布莱尔上台之后，这种趋势更加明显，工党和保守党在充分就业、福利国家、混合经济、外交防务等问题上如出一辙，布莱尔认为：“今天，经济管理问题没有政策上的左右之分，只有好坏之分。”“如果我们不采取这种态度，就无法适应时代的变化而被淘汰。”[②]为此，布莱尔宣布，工党将不改变保守党的政策，也不再实行工党以往的国有化和扩大福利措施等等，以至于有人认为布莱尔和撒切尔没有什么本质上的区别，工党执行的是“布莱切尔主义”。德国社会民主党领袖施罗德2003年提出的《2010议程》是左翼政党推行的带有新自由主义色彩的改革，很多措施甚至比右翼政党走得更远。而在这个信息大爆炸的时代，人们没有兴趣也很难分清左、右政党的政策之间的差别，也不清楚分开这种差别后对自身有什么重要意义。对他们来说，重要的不是政治立场上的“左”与“右”，而是执政党和政府实行的政策能否让他们满意，能否给他们带来实际的利益。即对于人们来说，重要的不是什么“左”的或“右”的经济政策，而是正确的或错误的经济政策。在这种双向认同下，变革后的社会民主

① 参见谢峰：《英国工党第三条道路研究——兼论西欧社会民主党的革新》，贵州人民出版社2003年版，第279页。

② 杨志清：《布莱尔的“第三条道路”》，载1998年4月19日《光明日报》（国际版）。

党也很难提出独立的、与新自由主义迥异的但又能包容社会各种利益、愿望和要求的政策。社会主义的远大目标似乎离社会民主党越来越远了。

社会民主党近些年来实行削减社会下层福利的改革政策进一步激化了广大民众和党的高层之间的矛盾。如2003年,德国社会民主党施罗德政府提出了题为《2010规划》的改革方案进行全面的社会福利改革,就引起了基层组织和广大党员们的强烈不满,他们与党的高层形成了一种对峙状态。其实在社会民主党内部也有人批评施罗德在向右的道路上走得太远。在这种内忧外患的情形下,有时施罗德不得不以辞职为手段逼迫社会民主党站在他的一边。

总之,社会民主党所处的困境是:如何在资本主义经济和议会民主的框架内实现其价值承诺。一方面,社会民主党希望建立一个体现自己理念的社会;另一方面,他们又不得不在这样的社会里为赢得选民、结成多数选举联盟而不断地作出妥协。结果,社会民主党内始终存在着循环往复的紧张。[①] 如果党坚持传统特色就无法迅速调整路线;而如果党变革组织结构,允许基层积极参与,并以选票最大化作为目标,最终必然导致重新界定社会主义。在制定政策时亦是如此:"任何向左移动(即考虑政策和社会公正意义,或运用分配手段)的迹象,都会疏远那些自我满足的选民,而向富裕者的妥协则将引起内部的分裂。"[②]社会民主党如何才能做到改革和维持传统价值的统一,如何做到既不失去它的传统基础,又能吸引新的选民阶层,是社会民主党在今后的实践中需要积极探索的问题。此外,社会民主党短期内无法改变其中左党的位置。如何在不失去社会中下层支持的前提下争取到更多的选民也成为社会民主党的一大难题。如今,社会民主党处于左、右翼的夹缝中,受到来自各方面的批评。左翼认为社会民主党越来越没有特色,与右翼政党的区分越来越模糊,继续这样下去会失去其存在的意义;而右翼则认为社会民主党的改革不够彻底,

---

① 参见史志钦:《全球化与世界政党变革》,中共中央党校出版社2007年版,第97页。

② 裘援平、柴尚金等:《当代社会民主主义与"第三条道路"》,当代世界出版社2004年版,第359页。

很难真正解决其所面临的问题，也无法走出一条加速社会发展的光明道路。在这种前后夹击的状况下，如果社会民主主义无法实现其基本价值观和变革的统一，在新的历史条件下重塑自己的身份特征，它将无法建立稳定的社会基础，欧洲社会民主党将陷入长期的、不可逆转的衰落之中[①]，最终成为一个失去阶级特性，从而没有稳固社会根基的摇摆政党。即社会民主党只要能够根据时代的变迁而不断变革自身，及时调整自己的政治定位和政治战略，就能够使党稳步前进。相反，如果党不能及时变革，就会由于组织生命力的降低而导致其不能担任现代社会的组织权威。

（二）理论上，党的组织特色正在逐渐消失

虽然欧洲社会民主党一直坚持自身的改革是在"基本价值观保持不变"的前提下进行的，但是不可否认其理论上的迷惘和政策上的右倾使欧洲各国社会民主党正在逐渐丧失自己的传统特色和意识形态，甚至放弃了原有的价值追求和政治目标，从而与社会民主主义原则相背离。如爱德华·赫曼就将其称为一种背叛的政治："这一系统性的背叛是对任何民主实质的蹂躏，同时，这也是对不断上涨的公众愤慨和愤世嫉俗以及日趋下降的投票率的一个重要的注解。"[②]

变革后的社会民主党向"中"向"右"的倾斜使其与其他政党之间的界限逐渐模糊，其所提出的观点也与其他政党大同小异。1998 年以来的西方大规模反全球化运动中，很多人甚至直呼社会民主党人是"新右派"。选民们也根本无法分清其是中左还是中间甚至是中右的思想观点。事实上，可能连社会民主党自己也很难说明白自己与保守主义和自由主义政党有什么根本性的对立和原则上的区别，只是在侧重点或程度上有所不同而已："社会民主党已经大大丧失了它的相关内容和概念的定位，以及

① 参见周穗明、马志良：《全球化的矛盾与"第三条道路"的失败》，载《当代世界社会主义问题》2002 年第 3 期。

② 杨四海：《"第三条道路"超越左右思维的合理性解读》，载《中共南京市委党校南京行政学院学报》2005 年第 5 期。

它的基本目标和对未来的展望。”[①]而党本来是靠鲜明的意识形态和纲领主张吸引群众的。如今的社会民主党的意识形态具有极大的包容性，其纲领主张也与右翼政党区别不大，对民众的吸引力也必然下降，使得民众对政党政治的兴趣锐减。这种趋同现象同时也深刻地反映了社会民主党人对社会主义传统理论和目标的自我怀疑和自我背弃，而且与组织上的削弱或某些政策的失效相比，这种思想上的自我怀疑和自我背弃对民主社会主义的继续生存构成了更加致命的威胁，是当代民主社会主义危机的要害所在。[②]

社会民主党组织变革中所遇到的主要困难是如何平衡党的当前利益和长远利益的矛盾，即如何正确处理赢得选举，从而得以上台执政和保持党的自身特色之间的关系，如何对待党的实用主义需要与激进政党的本质政治内容的关系。就目前来看，社会民主党的改革更多地屈从于现实的选举利益，但长此以往，社会民主党有可能会失去自己的长期政治目标，进而失去其传统政治特色而逐渐退出政治中心。当然，长期在野的社会民主党具有强烈的上台愿望。为了上台执政，他们不得不寻求更广泛的社会支持，为赢得选民、结成多数选举联盟而不断妥协，对联盟伙伴一味地退让，并不得不放弃了许多传统的政策。但对于一个政党来说，改革后的社会民主党没有充分的时间建立起一套令人信服的政治经济模式，相反，改革中的社会民主党的自身特性日益模糊，即党实际上面临着重大的特性危机。而且从党的发展战略和政治手段上看，工人阶级为主体的社会中下层力量仍然是社会民主党的主要社会基础。对这一部分群体的疏离使社会民主党的根基发生动摇，而多元化、复杂化的中间阶层又难以形成一致的稳定政治目标，逐渐趋向自由化的政策也使社会民主党改革派与普通党员之间进一步分裂，而如果得不到普通党员和广大选民的支

① 周敬青：《德国社会民主党从“全民党”到“新型政党”——罗歇尔教授访谈录》，载《科学社会主义》2005 年第 3 期。

② 参见王学东、陈林：《九十年代西欧社会民主主义的变革》，中央编译出版社 1999 年版，第 27 页。

持，社会民主党必将陷入身份认同危机中。甚至有的学者认为："西欧社会民主党在时代条件和社会结构发生巨大变化的今天，无法做到既坚持自己的传统纲领和政策目标，又吸引大量选民；为了能继续生存和发展，它们只能选择修正自己的纲领和政策，彻底抛弃工人阶级政党的传统形象，向广大的新中间阶级，甚至向有产阶级全面开放。"①

总之，为了赢得选民的支持，当代欧洲社会民主党采取务实的态度切实解决现实问题。由此一来，社会民主党组织纲领上和组织中很多本质性的东西就被逐渐忽略，与其他政党的执政纲领和应对策略也不再是大相径庭，而是大同小异，甚至一定程度上是对他党的仿效和抄袭。如今，社会民主党的纲领越来越长，内容却越来越模糊，逐渐失去了自己的传统特色，长此以往，主动放弃意识形态和最终目标的社会民主党会逐渐失去自身的特性，沦落为普通的资产阶级政党。正如某些右翼学者所说的资本主义对社会民主主义的重塑："资本主义成功地改造了社会民主主义，使它从最初的目的在于把工人阶级从资本主义剥削中解放出来的革命性政治运动，逐渐成为融合于资本主义秩序中的一支政治力量。这种融合是这样有效，以至于社会民主主义现在成为自由资本主义社会中的支柱之一。"②

二、某些组织职能发挥的效果不佳

(一)价值导向的中间化必然造成政党忠诚危机

1. 选民们的认同危机

后工业社会的政党组织对选民的吸引力大大下降。欧洲各发达国家的政治冷漠主义一直存在，"冷战"的结束更是加剧了这一趋势，党派意识更加淡薄。有资料显示，西欧各国约有四分之三的人表示对政党政治不感兴趣。社会民主党最初由于入党程序的特定安排和组织体系的规范运

---

① 陈林、林德山主编：《第三条道路——世纪之交的西方政治变革》，当代世界出版社 2000 年版，第 144 页。

② Robert Laderch and Philippe Marliere, *Social Democratic Parties in EU*, 2000, p. 1.

作而赢得了党员们的普遍认同和积极参与。在选举中，党员们会毫不犹豫地将票投给社会民主党，从而使党在动员和组织选民上具有无可比拟的优势。但“冷战”后社会民主党扩大了其价值导向的包容性，将更多的阶级、阶层和社会群体囊括在内，相应的稳定的集体认同也随之逐渐消失，很多工人和低级职员不再把票投给工党。如德国社会民主党和英国工党 1975 年工人和低级职员选民分别占其选民总数的 88.6％和 93.8％，到了 1990 年，这个比例分别下降为 68.4％和 74.4％。党的固定选民基础大大萎缩：“在 20 世纪 60 年代，联邦德国的固定选民人数还占全体投票者的 80％以上，但是在 20 世纪 80 年代和 90 年代却降低到只占一半了，他们中的一部分人是由于对政治缺乏兴趣而放弃投票的，也有一部分人通过故意放弃投票来表示对政党的不信任。”[①]固定选民的减少使党在选举中的力量大大削弱。在 1990 年的大选中，德国社会民主党只获得 33.5％的选票，是该党 60 年来的最低点。瑞典社会民主党以往的风光也已不再，在 1991～2006 年间除 1994 年大选外的所有大选中力量都遭到明显削弱，现在的得票率仅在 35％～40％之间，不得不与其他政党组成联合政府。同时社会民主党为了近期的选举利益往往也会刻意淡化自己的身份特征，使得选民们的身份与选票之间难以建立必然联系。据抽样调查，1997 年的工党大选中，高级职员的 34％、低级职员的 42％、办事员的 49％、下层中产阶级的 40％、低级管理人员的 62％、技术工人的 67％、非技术工人的 69％投了工党的票，这就说明：“阶级和选票之间的关系，无论是绝对数还是相对数，都已经很弱了。”[②]再加上很多人不再相信政党和传统的议会民主政治，投票弃权现象日益严重，如英国 2001 年的投票率只有 40％。总之，如今的欧洲社会已经变成一个多元的分散的社会，政治本身也越来越专业化和职业化，对人力资源的依靠程度越来越低。社会民主党为了赢得更多选民的支持又在努力拓展自己的执政基

---

① 向文华：《冷战后社会党研究》，中央编译出版社 2006 年版，第 87 页。

② D. Sander, “The New Electoral Battlefield,” in A. King et al., eds., *New Labour Triumphs: Britain at the Polls*, New Jersey: Chatham House, 1998, p. 220.

础，在制定政策的过程中既要鼓励企业对外投资，获取更多的经济利益，又要保护工人阶级的利益不受损害。但真正做到这一点是十分困难的，向传统的工人阶级靠拢会导致中间阶层选民流失，而向富裕者妥协又会引起党内部的分裂。例如瑞典社会民主党在20世纪90年代就因向“右”转的幅度过大而失去了大量的工人阶级选民，不得不在2001年的新党纲中重新调整与工会的关系。

此外，直接民主的实行使人民得以直接与党的高层领导接触，这样一来，党的代表大会、地方组织和基层组织的权力就被进一步削弱，它们既不需要把党的政策传递给选民，也不需要把选民的意见和建议传递给党。这样，社会民主党作为群众性组织的作用就被极大地削弱了。如工党的改革一方面是把原来处于中间位置的、权力相对较大的工会的权力收回到党中央和党的领袖手中，削弱的是选区工党的地位和作用，尤其是限制了原本控制着选区工党的积极分子的作用；另一方面把一部分权力从地方组织的手中收回交予普通党员手中，创造了党内充分民主的氛围。但实际上，普通党员根本无法掌握实权，相反会更有利于执政党的领导，因为普通党员比较容易支持党的政策主张而形不成强有力的挑战力量，这就会进一步压抑选民们的积极性。

总之，社会民主党淡化意识形态分歧，削弱原有的工人阶级基础，也就无法拥有稳定的社会支持。因为中间阶层一向是工会运动的旁观者，一旦社会民主党的政策与他们的认同不一致，他们很快会把票投给其他政党。社会民主党坚持的中左路线很难将日益庞大、日益复杂多元化的中间阶层统一起来，再加上中间阶层本身也没有传统工人阶级那种相对较为一致的身份认同，对政治和政党也越来越没有兴趣，非政治化倾向越来越明显，也不愿意受到单一政党组织的束缚，因此政党与普通党员之间的联系会越来越松弛，很多国家的社会民主党必须依靠与其他党结盟才得以执政。

此外，由于现代媒体的发展，党的领袖为更多地接近选民而疏远了各级党组织，更多地依赖媒体而忽略了对群众党员的关注程度，使得党员在党内的地位和作用大大削弱，极大地挫伤了党员们的积极性，越来越多的党员也因此不再像以前那样成为党的“天然选民”。在这种情况下，党如果不能学会很好地协调各阶级和阶层之间的关系，并注意用切合实际的政策吸引广大选民尤其是年轻选民的注意力，必将会遭遇到前所未有的忠诚危机。

2. 年轻人的参与危机

随着现代政党政治的进一步发展，政党与国家之间相互融合和渗透，各政党政策逐渐趋同，政党的派别意识减弱，大家更多的是选择更合适的管理者，而不是政策取向不同的政党。这种似乎没有多少意义的选择使人们的选择兴趣必然降低，“无党派”人士也随之增多，选民的政治参与率也随之下降。此外，在现代社会中，人们普遍更重视自我价值的实现，也更强调自身的个性化选择，众多社会精英开始远离政治生活。党也不再用传统的方法(如深入车间和社区征求党员和群众的意见)与党员们直接交流了，事实上领袖们也根本没有时间可以这样做，社会民主党的很多协会因此萎缩，党在与个体选民直接接触的同时反而与某些选民更加疏远了。相应的，政党认同和政党功能随之衰弱，人们不再把进入某一政党的组织范畴之内作为实现其政治权益的唯一或主要途径了。这一点在年轻人的身上表现得尤为明显，他们对于新社会运动的热情远远超过对传统政党的关注，对于社会民主党所说的未来美好社会也更多地持怀疑态度。

在这种社会氛围中，虽然欧洲各国社会民主党采取种种办法吸引年轻人的加入，但是总体来看，40 岁以下的年轻人对于政党政治仍然提不起兴趣，他们想要个性化的社会生活，对于与己无关的政治和社会问题也不感兴趣，带有浓厚政治性质的党派活动对他们更加没有吸引力。他们尤其不喜欢参加冗长沉闷的政治会议和阅读空洞乏味的政党纲领，认为不用加入某个政党就可以直接通过现代媒体获取大量政治信息，也可以借助网络平台发表自己对政治的相关看法，而且左、右翼政党政策的趋同也使他们认为自己的投票权丧失了意义。如今，社会民主党的党员队伍已经明显老龄化，如表 4-1 所示：

表 4-1　　　　　**德国社会民主党的党员年龄构成变化** *

年份	29 岁以下所占比例	60 岁以上所占比例
1990	10.2%	24.6%
2004	4.8%	42.7%

如果这种趋势继续恶化下去,未来的各国社会民主党就会逐渐成为"老爷爷党",到那时候,党的生机与活力就无从谈起,党内运行体制也会日益僵化,党也会逐渐丧失吸引力和潜在的选民支持。

(二)组织动员的媒体化会增加选举中的变数

选举是欧洲政党获得执政地位的唯一合法途径。一个政党只有通过议会选举才能获得合法的执政地位,而选民是党的基础,党的组织的变革是为了让党在选民中变得更有吸引力。为了重新上台执政,社会民主党必须改变自己的传统政治目标和手段,使自己成为一个值得信赖的"可选举的"政党。正如德国社会民主党理论家托马斯·迈尔所说,社会民主党只有"适应差别幅度很大的各种选民的优先要求,才能使面向多数的选民联合成为可能"[①]。即在长期在野的严峻形势下,对于社会民主党来说,最重要的活动就是通过选举把本党的政治家送入议会,在议会中取得多数,从而能够上台组阁以推行本党的政策。为此,社会民主党甚至放弃了议会外群众运动,把希望寄托在选举上。如何获得足够多的选举经费,争取选举的胜利成为各国社会民主党最为关心的问题。这最终使党的纲领被逐渐淡化,稳定的阶级认同消失,党转而依靠媒体的高效运作来运营选举进程。在这个过程中,选举就会逐渐成为一种不可控的政治行为,会有很多变数发生。

* 数字来自 *Niedermayer*, *Parteimitglieder*.

① [德]托马斯·迈尔:《社会民主主义的转型——走向 21 世纪的社会民主党》,殷叙彝译,北京大学出版社 2001 年版,第 158 页。

1. 外部压力和竞争对选举的影响加大

欧洲各国均党派林立。而随着民主化步伐的加快，欧洲政治逐渐趋向于多元化，竞选也必然随之进一步复杂化，政党内部、政党之间的较量也会白热化，各种政治力量之间的重新分化组合也会更加频繁，选举的结果也会更加难以预测。而且随着阶级认同的削弱，对于社会民主党来说，固定的选民已经越来越少，当人们不认同党的政策时就会很容易转投他党。如在瑞典 1998 年的大选中，由于社会民主党的福利削减政策引起中下层群众的强烈不满，大批工人转向他党，社会民主党在左翼党和环境党的支持下勉强得以执政。而党的领袖们借助媒体和选民直接联系的方式进一步降低了政党组织的重要性。外部主导的社会联系逐渐超出了党内成员的内部沟通，来自外部的压力与竞争对竞选的结果影响更大，很多利益集团或压力集团甚至主导了选举过程和最后结果。但党外复杂的社会关系超出了政党的可控范围，在这种状况下，政党对选举进程和选举结果就更难把握。

2. 不可控的传媒直接影响选举结果

现代化的媒体改变了信息传递的手段，缩短了信息传递的周期，随着信息媒体由文字让位于图像，大众对信息的接受由思考让位于直觉，政治信息越来越单薄。[①] 而社会民主党在选举中又过多地依赖媒体，选民更加容易受到外界的影响，也因此更加多变。一般情况下，媒体支持哪个政党，哪个政党获胜的可能性就相对较大。如 1997 年的英国大选，传媒大王默多克支持布莱尔。他手下的《太阳报》和原本具有保守主义色彩的《泰晤士报》都为布莱尔加油助威，与保守党唱反调，最终促成了工党的胜利。即在现代传媒的介入下，过去那种工人阶级投票给社会民主党，资本家投票给右翼政党的明确区分状况已经不复存在，社会民主党的核心选民正在逐渐消失。相反，具有很强异质性的庞大的中间层缺乏传统的党派忠诚，他们往往直观地从大众传媒获取的信息中取舍，很多选民在选举

---

① 参见陈林：《关于“第三条道路”研究的几点想法》，载《当代世界与社会主义》2000 年第 3 期。

的最后一刻才会作出决定。在选举中临时改变主意的人也越来越多，与过去那种社会民主党党员及其支持者很少投票给他党的状况完全不同，政党与选民之间以阶级关系形成的稳固的联盟土崩瓦解。

此外，人们的投票行为与一些凸显的问题联系越来越紧密，使选举出现这样那样的变化，而媒体的商业化和私有化也使媒体的独立性越来越强，越来越不受政党的控制。在这种情况下，媒体会按照自己的规则运转，不会刻意为哪一个政党服务，这在一定程度上会影响到选民的抉择。有时媒体甚至会反客为主，与政党争夺社会主流意见的主宰权，进而直接影响政党选举的过程和结果。

在可预见的将来，发达的欧洲社会必然会进一步简化选举程序。候选人通过电视进行竞选纲领的宣传，然后通过网络投票选举出党和国家的领导人。这虽然会大量节约人力、物力和财力资源，但是也会给竞选披上一身华丽的外衣，人们更难了解各党的真实面貌。[①]

总之，就目前来看，社会民主党虽然仍在某些国家主导了政府，在欧洲政坛上发挥着越来越重要的作用，但与以往相比，其选举根基却变得更加不稳，这个曾经的左翼政治舞台的主导者如今甚至受到了新左翼及其他反对派的攻击。而且与纲领党强调长远政治目标和稳定机构设置不同，选举党关心的是近期的选举利益，是一种短期行为。但是选举只能作为政党获取公共权力的一种手段，而不能作为政党存在的目的。政党在成功地应用选举策略，赢得大选的胜利后，要想能够长期执政，单靠媒体战略和领袖的个人魅力是远远不够的，而是必须要从国家利益和大多数人的利益出发来促进现实社会的发展。

综上所述，当代社会民主党组织的变革取得了一定的成效，但仍然存在着很多的问题，需要社会民主党在继续深化变革的过程中逐步解决。

---

① 参见杨雪冬、薛晓源主编：《"第三条道路"与新的理论》，社会科学文献出版社 2000 年版，第 84 页。

结束语

世界是不断变化和发展的世界。处于这个世界中的各行为主体要想求得长远的生存和发展，必须不断变革自身以适应这种变化。政党是国家与社会、政府与人民的交界点，它几乎涵盖了政治体系中的所有敏感因素，较易发生变化。而在这个不断变化的世界中，只有及时反映社会环境变化的党才能有长远的发展前途。

世界是一个多样化的世界，文明也是多元化的文明，人类的优秀文明成果是人类共有的宝贵财富。无论是西方国家的政治文明还是中国的政治文明，都是人类文明的优秀成果，彼此之间可以相互学习、相互借鉴。即在意识形态上，我们必须坚持马克思主义的基本原理和社会主义的本质特征，与资本主义划清界限；但是在政治实践中，我们又必须学会吸收借鉴资本主义世界的优秀文明成果，使其为我所用。事实上，西方文明更大地推动了世界民主政治的发展。我们应当在坚持以我为主、为我所用的原则下，吸收和借鉴人类社会创造的一切政治文明成果。就像中共十六大报告所言："世界上的各种文明、不同的社会制度和发展道路应彼此尊重，在竞争比较中取长补短，在求同存异中共同发展。"①

新技术革命的兴起使民众的民主意识增强，参政渠道也越来越多，政

① 江泽民：《全面建设小康社会，开创中国特色社会主义事业新局面》，载《中国共产党第十六次全国代表大会文件汇编》，人民出版社2002年版，第47页。

党之间可以相互沟通甚至相互妥协，不同政党之间也能相互比较和借鉴，从中获得有益经验以促进共同进步。尤其是社会主义政党要学习、应用资本主义政党成功的经验。研究其他政党的组织运行模式及贯穿其中的基本规律，对于各政党少走弯路至关重要。先进的管理经验应当是超越民族、国家界限的，是人类共同的财富。欧洲社会民主党在“冷战”后变革党的组织的新思路、新方法和新措施，是适应时代挑战的积极思考和努力探索，有许多值得我们学习和借鉴的地方。我们应当学习社会民主党在逆境中生存、发展并重新执政的有益经验。

一、政党组织应当是机动灵活的，不要囿于意识形态的禁锢之中

政党的生机和活力来源于党的适应性和创新力。社会的发展总是对政党尤其是执政党提出新的要求，要求政党能够随着社会的发展和变化对其组织结构和组织行为作出相应的调整和改革。政党既要随着周围环境的变化对党作局部调整，又要在社会发展的关键时刻对党进行大幅度的变革，以不断探索执政规律，提高执政能力，大力推动党的现代化进程。也只有如此，一个政党才能赢得社会的关键位置和重要地位，提高执政能力和执政水平，在竞争日趋激烈的国际舞台上站稳脚跟。而且哪个政党能够最先认识到变化了的政党生存环境，贴近社会现实，寻求党的变革，哪个政党就能够在激烈的政党竞争中取得胜利，也才能维持政治框架和政治体制的相对稳定。20 世纪末，以苏共为首的一批长期执政的大党、老党相继失去政权的重要原因，就是它们思想僵化，不能根据国际国内形势变化变革党自身。

“冷战”期间，社会民主党长期一味强调“左”“右”分歧，陷入固定思维模式之中，使其凝聚力逐渐丧失，在议会斗争中也长期不能顺应时势，才导致其长期在野。在这种情况下，社会民主党只有变革才有出路。正如施罗德和布莱尔在 1999 年 6 月发表的题为《欧洲社会民主党人前进的道路宣言》中所指出的那样：“社会瞬息万变，拼搏其中的人有输有赢……在这日新月异的世界中，人们希望政治家们放弃意识形态上的偏见，并且运

用他们的价值观念和原则，通过可信的精心制定和切实可行的政策解决实际问题，选民们每日面对经济和社会变化要表现他们的创造性和适应性，他们期望他们的政府和政治家也能做到这一点。”[①]新上任的欧洲社会民主党的领袖就具有很强的时代感，能够积极迎接挑战，反思传统社会民主主义的纲领和政策，能够顺应时代潮流和选民的意愿对党的组织进行相应的改革和调整，进而以全新的形象出现，从而使党具有较强的生命力和吸引力。如今，社会民主主义之所以被更多的人接受，“正是因为在保留传统价值观念的同时，社会民主主义已经开始以令人信服的方式更新其主张，并使纲领现代化。……因为它不仅主张社会公正，也支持建立有活力的经济，发挥创造力和创新能力”[②]。即欧洲政坛上多数社会民主党在“冷战”后都根据客观条件的变化适时调整自己的理论、纲领、政策和策略，为谋求政治主动权而主动变革，而且这种变革还会继续下去。正如德国社会民主党在2007年的汉堡党代会上所强调的：党要继续坚持改革才有出路。为此，党在2008年把主张改革的前任主席明特费林召回党内，下定了革新求变的决心，实行锐意改革的政策路线。

中国共产党在马克思主义中国化的过程中也充分认识到创新的重要性。江泽民在党的十六大报告中就明确提出：“党的全部理论和工作要体现时代性，把握规律性，富于创造性，就是要在实践的基础上不断创新。创新是一个民族进步的灵魂，是一个国家兴旺发达的不竭动力，也是一个政党永葆生机的源泉。”[③]处在当今改革开放的关键时期，社会上也出现了很多新问题，我们要用新的思维、新的方式来解决这些问题。也只有把这些问题解决好，才能提高中国共产党的执政能力和巩固执政地位。

2007年始于美国并在2008年继续发展直至蔓延全球的资本主义金

---

① 陈林、林德山：《第三条道路：世纪之交的西方政治变革》，当代世界出版社2000年版，第38页。

② 陈林、林德山：《第三条道路：世纪之交的西方政治变革》，当代世界出版社2000年版，第36页。

③ 江泽民：《全面建设小康社会，开创中国特色社会主义事业新局面——在中国共产党第十六次全国代表大会上的报告》，人民出版社2002年版，第55页。

融危机给世界各国政党，尤其是左翼政党带来了新的发展机遇。同时，反对资本主义的情绪又一次风起云涌。对于资本主义能否克服本身的危机也引起了人们新一轮的争论，这为左翼力量开始寻求大的联合和突破提供了新的契机。各政党应当充分发挥自身的政治主动性，关注本党的执政理念创新和执政能力提升，以赢得更多选民的认同和支持。

二、政党组织应当是简洁高效的，不应拘泥于繁琐的组织程序

在竞争日益激烈的现代社会中，在全球化、信息化的国际大背景下，国家和社会权力重新调整，各政党的传统组织程序已无法适应时代发展的需要。现代化的政党应当增强自身总体上的政治调控能力，着眼于政治全局的把握，而不是具体政治事务的运作。

政党要善于分散权力，高效地把握最重要的权力之余，要将一部分权力下放给地方政府和公众外，要赋予跨国机构一定的权力，以在全球范围内统筹经济资源，还要建立合理的组织机构和健全的制度安排，灵活机动地应对内外环境的挑战，改变政党高高在上的形象，给公民和社会创造自我管理和自我发展的空间，把自身的注意力更多地放在人力资源培训和基础设施的建设上。

政党要注重加强与广大民众的直接沟通，要在政党层级组织之外建立应急反应机制，对于广大民众急需解决的问题能够抛开层层组织机构的设置而作出快速反应，对于民众的要求和愿望能够及时了解，以有效地解决民众困难，还要认清变化了的社会形势，转变认识。党虽是国家的领导者，但是更重要的是社会的服务者，尤其是对于广大人民要有明确而又坚定的服务意识，要承认社会阶级利益的多元化，建立利益沟通和协调机制，为各阶层追求自身合法利益提供制度性保障，以赢得尽可能多的群众支持。

三、政党组织应当是以民为本的，不能屈从于领导者的意志

政党作为一定阶级的政治组织，它的生存和发展与其阶级基础和群

众基础密切相关。即任何政党的产生都有其特定的时代背景,都代表着特定阶级和阶层的利益。但随着社会和时代的发展,其所依托的特定阶级也会发生变化,尤其是对于执政党而言,更不能单单只代表本阶级的利益,而是要学会与社会大多数人结成稳固的联盟。只有这样,才能得到多数人的支持和拥护。正如江泽民所说:“历史和现实都表明,一个政权也好,一个政党也好,其前途和命运最终取决于人心向背。不能赢得最广大群众的支持,就必须垮台。”[①]而要赢得人民群众的支持,作为执政党,首先需要解决的是与人们的切身利益密切相关的问题,如发展经济、保护生态、改善福利和提高人民的生活水平等等,使人们能够看到切实的利益,政府应认识到:“如果不能使每个公民从中享受到真实的利益,就没有进步可言。”[②]此外,执政党还要学会充分发挥政党的利益整合功能,在处理各种利益关系时,“认真考虑和兼顾不同阶层、不同方面群众的利益。但是,最重要的是必须首先考虑并满足最大多数人的利益要求”[③]。

社会民主党长期以来推行社会福利政策,为人民谋福利是其得以长期执政的重要原因。“冷战”后的社会民主党能够根据变化了的社会结构及时调整党的阶级基础,尽可能地制定出代表多数人意志的政策是其赢得群众支持的重要原因。如今,以政党职能为基础的投票表决时代已经成为历史,选民们的阶级出身和社会地位与他们所选择的政党几乎没有什么必然的关系,“一个国家的政党制度,是否能促进和保障生产力的持续发展、经济建设取得成就和人民生活水平的提高,是考察其是否具有合理性、优越性的重要标志”[④]。因此,要想赢得执政地位或者继续执政,政党必须能够切实满足人民的愿望和要求。

21 世纪的政党应当建立什么样的组织模式,这是所有政党都需要探

---

① 江泽民:《论党的建设》,中央文献出版社 2001 年版,第 442 页。

② 陈林、林德山主编:《第三条道路——世纪之交的西方政治变革》,当代世界出版社 2000 年版,第 29 页。

③ 江泽民:《在庆祝中国共产党成立八十周年大会上的讲话》,人民出版社 2001 年版,第 22 页。

④ 周淑真:《政党与政党制度比较研究》,人民出版社 2001 年版,第 37 页。

求的问题。以什么样的纲领，采取什么样的方式把民众们动员和组织起来，使其成为党的稳固支持力量，也是摆在各政党面前的一个急需解决的难题。笔者认为，在这个日新月异的时代，党的组织应当能够根据变化了的情况变更组织的内部设置，应当将人民的利益放在首位，应当能够及时对民众的利益诉求作出回应。

附录

全球化信息化背景下中国共产党组织建设研究

葛 丽

[摘　要]第三次科技革命之后，全球经济迅速发展，世界进入全球化、信息化时代，世界各国政党的组织结构和运作方式都面临着前所未有的机遇和挑战。为了迎接机遇、应对挑战，各政党都不断寻求政党组织的革新。中国共产党也是如此，为了适应全球化和信息化带来的新要求，也在积极探索组织发展的新路径，在党的组织建设上也提出了许多新举措。本文将从组织性质、组织基础、组织原则、组织运作、组织机构和基层组织建设六个方面对我党组织建设上的成就加以分析。

[关键词]全球化；信息化；中国共产党；组织建设

第三次科技革命之后，全球经济迅速发展，世界各国之间的联系越来越紧密，相互依赖性也越来越强，世界进入全球化、信息化时代。“冷战”结束之后，全球化、信息化的速度进一步加快，世界政治经济力量重新洗牌，各政党的发展都面临着前所未有的机遇和挑战。为了迎接机遇，应对挑战，各国政党需要在新时期进一步增强党的执政能力，提高党的执政水平。因此，各政党都在探索政党发展的新道路。中国共产党亦是如此，随着改革开放的继续深化和社会主义市场经济的迅速发展，我国社会生活也随之进一步复杂化:经济成分多元化,利益主体多元化,等等。而且随着知识经济时代的到来,交通设施和通信工具的迅速发展使得人与人之间的交流更为便利、快捷,人民的思想文化素质也普遍提高,相应的思想观念、生活方式都发生了巨大变化,相关的政治利益诉求也会多元化,这些都对执政党的执政方式和领导方式提出了新的要求,使得我国原有的政治模式已不能适应社会发展的需要:"考察中国三十年的发展,必须注意这样一个事实:中国的改革开放是在政治对经济和社会基本失效的时代背景下开始的。"[①]这就要求我们党必须在激烈的社会变迁中寻求新的路径,适应社会发展的需要不断创新,中国共产党的生命力就在于不断创新。创新是中国共产党的成长基因,组织创新则是中国共产党永续发展的源泉。[②] 为了应对全球化、信息化带来的机遇和挑战,更好地领导全国人民建设有中国特色的社会主义,适应新时期社会经济和政治发展的新变化和新要求,中国共产党在政党组织建设上提出了许多新的举措:

一、在党的组织性质上:在坚持工人阶级政党的前提下,突出党的人民基础

(一)变"一个先锋队"为"两个先锋队",强调党的人民性

中国共产党自建立以来,一直强调自己是工人阶级的政党,具有鲜明的阶级性。但随着中国社会阶级和阶层的复杂化,我们需要对党的组织性质进行新的界定。因此,2002 年 11 月召开的党的十六大上制定的新党章《总纲》明确提出:"中国共产党是中国工人阶级的先锋队,同时是中国人民和中华民族的先锋队。"这种表述不仅坚持了党的工人阶级性质,巩固了党的工人阶级基础,还进一步扩大了党的群众基础,突出了中国共产党不仅是工人阶级的党,更是全国人民的党,是整个民族的党。这就要求我们的党在今后的工作中不仅考虑工人阶级的利益,更要注重关注全

① 林尚立:《有效政治与大国成长——对中国三十年政治发展的反思》,载《公共行政评论》2008 年第 1 期。

② 参见梅华:《组织创新:中国共产党永续发展的源泉》,载《学习月刊》2008 年第 3 期。

体人民的利益，真正把群众放在心里。只有这样，群众才能更加信任和支持我们的党。

（二）将“三个代表”重要思想写入党章，突出党的为民性

为了进一步突出中国共产党是真正为全体人民谋福利的党，2002 年 11 月党的十六大上还将“三个代表”重要思想写入党章，明确提出：“中国共产党是中国特色社会主义事业的领导核心，代表中国先进生产力的发展要求，代表中国先进文化的前进方向，代表中国最广大人民的根本利益。党的最高理想和最终目标是实现共产主义。”这种表述就在强调党的先进性的基础上，表明我们的党代表着广大人民群众的利益，是真正为人民服务的党。这就要求我们的党要学会正确处理和协调社会不同利益群体之间的矛盾，注重满足不同阶层的政治利益诉求，更多地关注弱势群体，以提高人民的整体生活水平。也只有这样做，才有利于我们的党团结和带领全国各族人民，共同建设有中国特色的社会主义。

二、在党的组织原则上：在民主集中制的基本原则下，推进党的民主化

（一）实行差额选举制和表决制，推进决策民主建设

民主集中制是我们党根本的组织制度，也是我们国家的根本组织制度，是民主基础上的集中和集中指导下的民主的紧密结合，但长期以来，我们的民主集中制民主基础上的集中有余，集中指导下的民主不足。因此，近些年来，为适应政党民主化和现代化的浪潮，我们在坚持民主和集中的辩证关系前提下，更加注重民主的建设。为此，自十三大以来，我们党内就实行差额选举制度，而且所差的比例越来越大，这样就能避免选举流于形式。同时，基层直选的范围也进一步扩大，以贯彻实施真正的直接民主。此外，我党还明确提出，党组织讨论决定问题，应实行表决制，以充分发挥普通党员的民主权利。为此，我党还进一步健全了党的决策前的论证制、决策中的票决制和决策后的责任制，同时建立决策项目的预告制度和重大事项公示制度，充分听从党员意见，保证党员有管理党的事务及发表相关意见的权利，从而能够充分发挥党员的积极性、主动性和创造

性，以真正实现党的决策的民主化和科学化，创造出毛泽东主席所说的又有集中又有民主，又有纪律又有自由，又有统一意志、又有个人心情舒畅，生动活泼的政治局面。

（二）实行党务公开和听证会制度，推进党内民主建设

中国共产党在长期的执政实践中，缺乏透明度和开放性，普通党员的参政议政权利被极大地“边缘化”，党的高层也很难听到人民群众的心声，民主政治也就很难实现。正如邓小平同志所说：“一个革命政党，就怕听不到人民的声音，最可怕的是鸦雀无声。现在党内外小道消息很多，真真假假，这是对长期缺乏政治民主的一种惩罚。”[①]随着全球化、信息化的进一步加速，改革开放的深入发展，交通和通信工具的更新换代，人民群众生活及文化水平的普遍提高，这种执政和领导方式越来越不能满足人民群众日益增长的政治利益诉求。因此，为了更好地代表广大人民群众的利益，十三大上我们做出了党务公开的英明决策，十六大上提出了“党内民主是党的生命”的重要表述，十七大上更是明确把推进党务公开作为党内民主建设的一项重要举措，把我党的工作不仅向党员公开，也向全社会公开。为此，我党将发展党员事前公示、民主生活会整改措施等及时通过党务公开栏随时公开，党费收缴情况、入党积极分子培养情况、党委目标任务、民主评议情况等党的各项工作也都通过支部大会和党员大会定期公开，以便让普通党员和普通群众能够随时了解党的有关事由和党的最新方针政策。另外，为了使人民群众能够直接参与决策，我们还实行了听证会制度，让党员和群众都能够直接了解和参与党的各项具体工作，这就打通了党和人民的沟通渠道，也可以使党能够随时听到群众反映上来的意见和建议，真心倾听到人民群众的心声，从而使党能够真正成为人民群众利益的忠实代表。同时，人们可以通过现代化的通信工具，如电话、电视、网络等各种平台和党的领导干部们交流，获得有关国家政策的最新消息，党的工作也能随时接受人民群众的监督，党的重大方针政策的出台也

① 《邓小平文选》第2卷，人民出版社1994年版，第144～145页。

可以全国性地征求意见等等。总之，在党内民主建设上，中国共产党在一步步努力。

三、在党的组织基础上：在保持党的先进性基础上，拓宽党的阶级基础，提高党员的知识水平

（一）重新界定入党对象、范围和条件，拓宽党的组织基础

近些年来，我国的产业结构和就业结构发生了重大变化，第一、第二产业萎缩，从业人数锐减，第三产业迅速发展，从业人数剧增，社会上出现一批代表先进生产力的新兴劳动者，我们需要把这一批优秀分子吸收入党。为此，在2002年11月召开的党的十六大上制定的新党章明确提出："年满18周岁的中国工人、农民、军人、知识分子和其他社会阶层的先进分子，承认党的纲领和章程，愿意参加党的一个组织并在其中积极工作，执行党的决议和按时交纳党费的，可以申请加入中国共产党。"江泽民在党的十六大报告中也对此作了进一步解释："在社会变革中出现的民营科技企业的创业人员和技术人员，受聘于外资企业的管理技术人员、个体户、私营企业主、中介组织的从业人员、自由职业人员等社会阶层，都是中国特色社会主义事业的建设者。"①这就将社会主义现代化过程中出现的新兴阶层的优秀分子纳入中国共产党的执政体系当中，保证了中国共产党的先进性，也拓宽了我党的组织基础。而赢得了这些新兴阶层和群体的拥护和支持，更加有利于巩固党的执政地位，提高党的凝聚力、战斗力和影响力，就可以更好地发挥中国共产党的社会整合功能。

（二）大力吸收知识分子入党，以提高党员的整体素质

为保持党的先进性，必须提高党员干部们为人民服务的能力，同时针对当前我国政府工作人员存在的结构不合理、责任心不强的基本状况，近些年来，中国共产党除对现有工作人员进行分期、分批的党的理论、公务员的职业道德和相关工作理念的培训之外，还大量吸收知识分子，包括在

① 《中国共产党第十六次全国代表大会文件汇编》，中共聊城市委市直机关工作委员会2002年。

校大学生，尤其是硕士生和博士生等年轻知识分子入党，以提高党员的总体知识水平和认知能力，同时为我党注入新鲜血液，使得我党朝着党员干部的“革命化、年轻化、知识化、专业化”的宏伟目标进一步迈进，也为我党增添了无比的生机和活力。同时我们还号召广大大学生们深入乡镇、农村等从事基层党组织的工作，并通过全国范围的公务员考试，选拔大量的大学毕业生，尤其是学生党员去基层党组织发光发热，从而掀起了新一轮的、更有意义的“知识分子上山下乡”活动，并希望通过这种实践锻炼，提高年轻党员们的工作能力，以早日培养出当今社会急需的大量公共服务人员，而不是简单忙于琐碎的行政事务的政府工作人员。

四、在党的组织运作上：在相关制度的不断完善中，实现组织运作的规范化

（一）健全党代会制度，构筑党员活动的平台

组织运作的规范化需要相关制度的完善才能保证。因此，中国共产党的组织建设也十分注重组织制度的进一步完善。其中党代会是党的最高权力机关，党代会制度是我党组织运作的重要制度之一。但长期以来，我们的党代会没有相应的制度法规加以规范，党代会的开会时间也极为有限，在闭会期间党代会很难发挥其相关作用，即党代会尤其是基层党代会的职能就相对较弱。因此，为了维护党代会的权威，我们要求党代会的常务委员会、党委会、纪委会定期向党代会汇报工作，接受党代会的监督和质询，其工作人员也不能互相兼任职务。同时，我党还严肃党的纪律，尤其是加大了对违纪现象的查处力度，查处了一批大案要案，并对违背党的纪律的行为和人员严格追究和处理，还通过人民代表大会制度和党的委员会制度的改革，切实发挥党代会作为党的最高权力机关的相关职能。另外，为了保证党代会的连续性，我党从20世纪80年代末开始试点党代会常任制。虽然目前来看，我国党代会制度的改革还远没有达到预期目标，但是毕竟在一步步进行。

(二)强化党的监督制度,提高党拒腐防变和抵御风险的能力

全球化、信息化时代是一个多层次、多样化的变迁时代。党为了提高自身应对世界变革的能力,必须提高党的执政能力和水平,这首先就要从内部抓起,强化“从严管党”的功能。尤其是在当前,我国还处在社会主义初级阶段,社会上存在着严重的分配不公,家庭之间、阶层之间的收入差距和贫富差距也越拉越大,人们对于住房、就业、医疗、教育、腐败问题等具体社会问题的意见也极为强烈。我们的党要想真正贴近群众,就必须尽力做到公平,除了尽力缩小社会各行业和各家庭之间的差距之外,在党内更为急迫的是要铲除腐败这个威胁我党生死存亡的巨大“毒瘤”。为此,我们需要进一步强化党的监督,以减少权力的异化和滥用,事实上,我党一直存在决策执行制度过强、监督制约机制相对较弱的问题,党委权力过大,纪委需要接受党委的领导。为了改变这种状况,党的十七大上明确规定:中央政治局向中央委员会全体会议报告工作,接受监督;党的地方各级委员会的常务委员会定期向委员会全体会议报告工作,接受监督。同时,我们也提出尽快建立健全决策权、执行权、监督权这三权既相互制约又相互协调的权力结构和运行机制,即进一步加强权力的监督制约机制,以提高党的执政能力和领导水平。

五、在党的组织机构上:在进一步简化的过程中,注重提高组织的效率

(一)精简机构,降低党的执政成本

中国政府机构党、政两条班子同时运行,社会管理、公共权力的运行成本巨大:“在当代中国,约有4000万吃财政饭人员,既包括党政群团机构工作人员,也包括教育、医疗、科研、文娱、体育等事业单位工作人员。”①庞大的公共开支给党和人民带来了沉重的负担,况且在通信设施和媒体工具高度发达的全球化、信息化时代,中国共产党过去那种主要依靠政府工作人员传递信息的方式已变得不再重要。此时,政府机构改革

① 唐亚林:《当今中国财政供养人员比例的真相》,载《南风窗》2004年第5期。

就成为我党一项迫在眉睫的重要任务。但我们也要看到，政府机构改革更是一项长期而又系统的艰巨工程。事实上，改革开放30年来，我党已经在1982年、1988年、1993年、1998年、2003年进行了5次全国范围的政府机构改革，对我国臃肿的政府机关进行一次次撤并，对庞大的政府工作人员也进行了一次次精简，成效也极为显著：国务院的机构与1982年相比，已经由100个减少到69个；政府工作人员由51000人减少到16000人。2008年，我们又开始了第6次全国范围的以民生为本、完善政府公共服务功能的机构改革，并根据3月份国务院发布的《关于机构设置的通知》，国务院的部门与部门之间或部门内部之间开始了资源整合，同时，地方大部制改革也在如火如荼地进行，全国一半以上的地方政府也都在进行机构改革，为节约行政开支而不断努力。

（二）简化程序，提高党的执政效率

全球化、信息化条件下的现代社会应该是低成本和高效率的统一，政府亦是如此。因此，政府机构改革更重要的是要放在政府职能的转变上。中国共产党拥有庞大的组织体系和臃肿的组织机构，不仅行政程序复杂，办事环节多，执政效率差，而且如果政府长期以来忙于行政审批和一些具体琐碎事务的管理上，就很难将全部精力集中在人民切身利益问题的解决上。此外，党的机关部门的职能与政府部门的某些职能往往相互交叉重叠，这种状况下，党的领导体制与政府的行政体制出现摩擦、碰撞就在所难免，在互相扯皮中也必然会造成效率低下。因此，为提高党的执政效率，我党加快推进党政分开、政企分开、政市分开的进程，同时政府分权工作也加速进行，既赋予地方政府更多权力，使中央政府能从繁琐的具体行政事务中脱身出来；又把很多事交由市场、社会组织及普通公民去办理，进一步发挥市场在资源配置中的基础性作用及公民和社会组织在社会管理中的主人翁作用，政府只把该由政府管理的事切实有效地办好。此外，近些年来，我们又提出了建立服务型政府的目标，并将其作为中国政府发展的落脚点。即政府的主要职责是有效地为民众提供各种公共服务，以实现全社会和全体人民的公共利益。

六、在党的基层组织建设上:在保持基本规模的前提下,激发组织活力

(一)充实基层组织生活的传统形式和内容,构建生动活泼的组织氛围

中国共产党在60年的执政生涯中,大量吸收社会精英分子加入中国共产党,目前已经拥有八千万党员,这些党员又被吸收进数百万的基层党支部中,形成一个遍布全国的庞大的"网"。这张"网"作为我党组织生活的基本活动细胞,在党的组织生活中发挥着重要作用,任何一个"网点"出现失误,都会影响整张"网"作用的发挥。但长期以来,我们的基层组织生活缺乏活力,主要局限于传达党的文件,复述党的相关政策,汇报党员思想,总结报告工作等等,多数组织生活只是流于形式,党员们的参与积极性普遍不高,尤其是广大的农村基层组织更是如此。如今,我们尝试将自上而下的宣讲变为自下而上的讨论,更多地以普通党员为主体开展活动,还将国家方针政策的宣传和学习通过人们喜闻乐见的音乐、舞蹈、歌剧的形式编导出来,更能为群众所接受,内容也相应地增加了当前的时政热点、焦点问题。以提高党员们参与党内组织生活的兴趣,激发组织生活的活力。

(二)扩大基层组织的权力,营造和谐有力的组织空间

中国共产党的基层组织,尤其是广大的农村基层组织,长期以来习惯于听取和服从上级组织的意见和方针政策,不能真正发挥自身的自主权利,也很难发挥出普通党员的积极性。为此,我们逐步分权,进一步加强基层党组织的权利,扩大直接民主的范围。另外,我们充分利用网络平台,吸引更多的党员和群众参与党内重大问题的讨论和决策,将群众中分散的、不系统的意见集中起来,也通过网络传达党的相关政策及党的最新决议。此外,中国共产党的基层组织一直以来都是以工作单位为基准,彼此在思想上、生活上、政治水准上相差无几,无法实现相互之间真正的交流与学习。在时间安排上也十分有限,而没有工作单位的人就很难组织起来,普通群众也往往被排除在外。如今,在以单位为主的基础上,我们

尝试以社区为单位开展党的组织工作，将不同学历、不同经历、不同阶层的人们组织在一起，在任何方便的时间集中起来，互相了解和交流彼此对国家重大方针政策的不同认识和理解。相邻社区或街道的党员们也可以在一起交流学习对国家相关方针政策的认识。当然，参加人员不局限于党员之间，我们也更多地欢迎普通群众参与其中。

列宁说过："无产阶级所以能够成为而且必然会成为不可战胜的力量，就是因为它是根据马克思主义原则形成的思想统一是用组织的物质统一来巩固的，这个组织把千百万劳动者团结成工人阶级的大军。"组织上的优势就成为共产党执政的最大优势。虽然就目前来看，中国共产党的组织建设还有很长的一段路要走：组织监督需进一步加大力度；组织民主需进一步强化；组织制度需进一步完善；而且我国的组织机构改革效果似乎也很不尽如人意等等。但不可否认，我们的党在不断努力，而且当前我们党提出了科学发展观和构建社会主义和谐社会两大奋斗目标，不再唯经济指标为准。这是我们党适应社会发展的新要求提出的英明决策，是适应现代化发展的要求，保证我们的党能够成为长期而又稳固的执政力量的伟大决定。为了实现这一目标，我们需要整合各种社会力量，更好地通过我们党的组织建设，更充分地发挥我党总揽全局、协调各方的能力，尽快成长为"权为民所用、情为民所系、利为民所谋"的党。

（原载《山东社会科学》2010 年第 2 期）

英国工党组织体系现代化改革论析

葛　丽

[摘　要]第三次科技革命之后，全球经济迅速发展，世界进入全球化、信息化时代，世界各国政党的组织结构和运作方式都面临着前所未有的机遇和挑战。为了迎接机遇、应对挑战，各政党都不断寻求政党组织的革新。英国工党也是如此。为了适应全球化和信息化带来的新要求，赢得执政地位，英国工党也在积极探索组织发展的新路径，在党的组织体系变革上也提出了许多新举措。本文将从组织目标、组织基础、组织形态、组织运作、组织结构和组织决策六个方面对工党组织体系的变革加以分析。

[关键词] 全球化；信息化；英国工党；组织体系变革

第三次科技革命之后，全球经济迅速发展，世界各国之间的联系越来越紧密，相互依赖性也越来越强，世界进入全球化、信息化时代。“冷战”结束之后，全球化、信息化的速度进一步加快，世界政治经济力量重新洗牌，各政党的发展都面临着前所未有的机遇和挑战。为了迎接机遇，应对挑战，各国政党都需要在新时期进一步增强党的执政能力，提高党的执政水平。为此，各政党都在探索政党发展的新道路。而且随着知识经济时代的到来，交通设施和通信工具的迅速发展使得人与人之间的交流更为便利、快捷，人民的思想文化素质也普遍提高，相应的思想观念、生活方式都发生了巨大变化，相关的政治利益诉求也会多元化。这些都对执政党的执政方式和领导方式提出了新的要求，使得原有的政治模式已不能适应社会发展的需要，要求各执政党必须在激烈的社会变迁中寻求新的发展路径，以能够适应社会发展的需要。

英国工党在20世纪80年代长期处于在野地位，对改革创新的要求就更为强烈。工党必须首先获得执政地位才能实施党的纲领政策。因此，为了应对全球化、信息化带来的机遇和挑战，适应新时期社会经济和政治发展的新变化和新要求，英国工党从20世纪80年代末开始就着手探索摆脱困境、重新崛起的新路。1994年布莱尔任领袖后，对工党开始了全方位的“现代化”改革，力求缔造一个“新工党”，在政党组织建设上提出了许多新的举措：

一、在党的组织形态上，从“大众党”变为“全方位党”

“大众党”也称“群众党”，政党组织严密，党员的权利和义务比较明确，由于地方层面上党的组织不断扩大，党的基层组织和中央共同居于主导地位。“全方位党”的主要特征是：政党的意识形态不断弱化；政党之间在原则问题上的对立和分歧逐渐消失；政党纲领对各阶级和阶层的包容性逐渐扩大；政党领导人的影响进一步扩大而基层党员个人的作用不断下降。[①]

英国工党长期以来一直被工会控制，政党组织严密，阶级基础单一，极大地束缚了工党发展的手脚，其实行的政策也因一度“过左”而吓跑了中间阶层。为此，工党曾长期处于在野状态。为了改变这种状况，工党逐渐向全方位党转变——全面向社会开放，大量吸收各阶层的先进分子入党。布莱尔也大力呼吁跨阶级合作，摒弃阶级政治，宣称为全体人民的利益说话。工党政策的制定也不再侧重于工人阶级的利益，而是根据选举需要和实际需要来制定，以争取更多选民的支持，使原有的工人阶级色彩

① 参见王勇兵：《西方政党变革与转型理论初探》，载《经济社会体制比较》2004年第6期。

逐渐淡化。实际上，近些年来，英国工党和保守党的政策逐渐趋同，布莱尔的很多政策都是撒切尔夫人政策的延续，两党在根本原则上的对立逐渐消失，只是侧重点有所不同而已。此外，随着选举运动的专业化，中央级的权力机制可以通过现代化的大众传媒直接与基层的组织和群众接触，中央组织的权力就会被大大加强，地方组织的权力则被逐渐削弱。总之，工党的种种特征显示，工党正逐渐从“大众党”变为“全方位党”。

二、在党的组织基础上，模糊阶级色彩，向中间靠拢

(一)疏远与工会的关系，淡化党的阶级色彩

英国工党最初是在65个工会组织和3个社会主义团体的基础上联合成立的，从诞生之日起就与工会存在着千丝万缕的联系。工会既是工党党员和政党经费的主要来源，又是政党选举和政治决策的重要支持力量，工党的传统政策也更注重增强工会的力量和增加工人的工资。但随着全球化、信息化的深入发展，产业结构的急剧变迁，工人阶级的人数大量减少，影响力也迅速下降。要想赢得执政地位，获取更多选民的支持，工党必须要淡化阶级色彩。党不能只代表一个社会组织的利益，而是要代表全社会的利益，要把原来封闭的、排他的党变为开放的、包容的党。而要做到这一点，工党首先要做的是要疏远与工会的关系，摘掉“阶级党”的大帽子。

工会成员是以集体的名义入党，这使得工党年会中90%的投票权都被工会代表控制。1990年，工党将工会控制的投票额削减了20%，下降为70%，后来又通过“一人一票制”赋予工人党员个人投票自由，削弱了工会对选举的控制力度。1993年，英国工党废除了有关集体党员的规定，并将这一部分党员转变为个人党员，与工会拉开了距离，转而从社会上大量吸收个人党员，并广开渠道筹集活动资金以减少对工会的依赖，还取消了工会在决策和人事方面的特权，最终打破了一个世纪以来的工党以工会为主体的权力结构。正如布莱尔所说：“工党是一个工商党——那

种认为保守党是工商党，而工党是工会党的看法是完全过时了。”[①]

(二)重构社会基础，走向“中间化”

随着全球化、信息化的发展，从事第一、第二产业的人数迅速减少，而以服务业为主的第三产业迅速发展，相关的从业人员也迅速增加。即真正从事体力劳动的“蓝领工人”越来越少，拥有一定的技术、收入相对较高的“白领工人”越来越多，很多工人拥有一定的财产并变成比较富裕的消费者，中产阶级队伍迅速膨胀，逐渐取代产业工人成为社会主要群体。而这部分人与工人阶级有着相差甚大的政治利益诉求，他们满足于当前富裕的生活，惧怕社会变革，也十分厌倦党派之间的争权夺利和虚伪的政治作秀，渴望稳定、有序的社会生活和务实、平和的政治生活。此时，如果工党政策仍然以工人阶级为主，就无法赢得中间阶层的支持，也不适应时代发展的要求。因此，工党转换工作重心，以中产阶级为主制定相关政策，拉拢这部分庞大的社会群体支持工党。英国首相布莱尔也一再表示，工党不应仅仅是工人阶级的党，而应成为一个开放的党。其纲领和政策也试图代表各阶层的利益，尤其是中间阶层。事实上，工人阶级在工党政治议程中的中心地位也正在逐渐被中间阶级所取代。

三、在党的组织运行上，在规范相关制度的基础上，重视大众媒体的重要作用

(一)主动出击，变被动为主动，使媒体成为政党竞选的工具

传统的社会民主主义政党，尤其是欧洲大陆的社会民主党是一种“成员党”，在组织上依赖积极分子的活动。这种组织运作方式需要花费许多时间，将数以千计的地方协会、忠诚的官员与党的上层联系起来，甚至要花更多的时间把他们相互之间真正连接起来。而在全球化和信息化时代，由于交通和通信工具的迅速发展和广泛使用，人与人之间的交流变得更为便利、快捷，时间与地点的界限也被打破，也无需众多的党员积极分

---

① 钱乘旦等:《日落斜阳:20 世纪英国》,华东师范大学出版社 1999 年版,第 96 页。

子自上而下传达党的政策和自下而上传递民意。相反,人们可以通过现代化的媒体更多、更快地获得党的有关讯息,以互联网和电视为代表的现代传媒正在改变和冲击着传统的政党运作模式。这首先就体现在政党选举上。

由于大众传媒比利用政党组织向选民传播竞选消息更有效率,政党领袖可以通过媒体直接面对基层选民,不需要大批党员进行各地区的选举动员和宣传,因此,候选人的一系列竞选活动就可以以大众传媒为中心,而不必以党员为活动主体展开。政党不仅可以通过媒体炒作候选人的形象,广泛宣传工党的选举议题,还可以利用媒体搞民意测验调查选民倾向。1985 年,工党建立了专门负责与媒体打交道的选举运动、联络委员会和影子联络机构。这就聚集了大批选举专业人员,为工党赢得选举出谋划策。在这种选举背景下,领袖在镜头前的表现能否打动观众成为他能否当选的重要因素,政党领袖候选人是否有媒体魅力就成为重要的标准之一,党员的数量也不再具有决定性的意义。布莱尔就是依靠其出众的个人魅力赢得了大众的喜爱,为工党最终赢得选举的胜利做出了巨大贡献。

(二)灵活应对,改劣势为优势,使媒体成为政党活动的平台

在现代媒体社会中,通信技术、广播电视技术、计算机和互联网的迅速发展使信息传播的速度加快,周期变短。人们也逐渐把网络和报刊电视作为获取政治信息、参与政治活动的主要手段,尤其是互联网的广泛使用打破了时间和空间的限制,突破了原有的政党层级组织界限。因此,在赢得选举、获得执政地位之后,工党也十分重视媒体的重要作用。党的理论、纲领和政策被装饰一新,“现代性”“新政治”“新福利”等充满吸引力的名词通过媒体告知广大群众,使工党以全新的改革者的形象来面对人民。同时,党的领袖也通过媒体直接面对基层和广大选民,通过电视演讲和召开记者招待会解释党的施政纲领,宣传党的方针政策。此外,工党还十分重视对新兴的大众传播媒介——互联网的利用,较早地创建了党的网站,向公民提供党的相关政策和组织方面的信息,有计划地公布党的重大决

定，并根据公民的政治偏好制定特定政策，发布相关的信息等，还通过在线调查、聊天室、电子邮件等实现与公民的直接互动，使利用媒体塑造政党形象和进行政治“推销”的方式成为一门艺术。

四、在党的组织结构上，简化党的结构设置，加强高层领导权力

（一）改革党的组织机构

社会民主党与欧洲政坛上的其他政党相比，组织结构更为严密，层次也相对较多；而英国工党与其他社会民主党相比更甚，其组织机构的复杂性在世界政党中都是极为少见的。英国工党的工会、政党、社会主义团体和其他政治团体的势力交织在一起，中央机构、地区机构、选区组织和基层支部四个层次的机构纵横交错，主要通过扩大党员队伍来扩大党的基础，并通过积极分子来联系党的上层与基层，但层级结构过多就会使得政党决策程序长，信息传递速度慢，对于人民群众的反应迟钝而导致政党效率低下。而且在交通和通信设施如此发达的今天，依靠大量的政府工作人员进行街头巷尾的政策宣传也变得不再重要，党的领袖们可以通过公共媒体直接向普通党员和人民群众宣传和解释党的施政纲领和方针政策。因此，为适应全球化、信息化世界的高效政府要求，英国工党在“冷战”后进一步简化党的组织结构，把原来层层设置的金字塔式决策机构变为平面的直接民主制，以提高党的执政效率。为此，工党于 1990 年在中央建立全国政策论坛、政策委员会和联合政策委员会以及前瞻性政策研究中心；1997 年，工党又形成了《执行伙伴》文件，改革了党的决策机构；此外，工党在基层也建立了一个约 400 人的促进者网络，负责协助在全国举办政策论坛，使普通党员和党外人士都有机会直接向党的中央政策机构提出政策建议，这都使原来层级决策机制变得更直接、更快捷。

（二）调整党的权力结构

为了更快更好地推进党的方针政策，英国工党进一步调整了党的权力结构。首先，加强中央机构的权力，削弱影子内阁和执委会的决策作用，强化中央一级的领导，几位党的重要领导人享有重大事务的最终决定权。同时,还大力增加中央机构工作人员。1998 年和 1964 年相比,中央机构工作人员增加了 126 人,增幅达到了 258%,党部和办公室人员也相应增加。此外,工党也十分注重加强党领导对决策的影响作用,扩充了领袖办公室的重大决策权,由领袖直接任命议会总督导,控制工党议员,以减少工会对党的决策的影响力,突出党的领导决策层与基层党员以及其他社会群体的对话,同时加强了对地方组织的监督管理,以建立由党的领袖控制的中央领导体制,提高党的灵活性、创新能力和直接决策能力。

为了满足新中间阶层掌握政治权力、参与政治事务的愿望,工党坚持权力下放和自治管理的原则,采取新的社会治理方式,以团结更多的政治力量参与国家事务的管理。为此,工党对权力结构调整的第二步是进一步加大地方权力的下放,包括中央政府向地方政府下放权力、中央和地方向具体的公共事务执行部门下放权力两个层次,让公共事务执行部门拥有更多的权力,担负更大的责任和义务。

五、在党的组织决策上,直接民主与基层民主相结合

(一)落实基层民主

基层党组织的活力是党的生命力和源泉。英国工党也十分重视党的基层民主建设。1987 年,工党建立了地方选举团制度,规定 60%的选票归选区工党个人党员。1989 年,英国将原有选区工党组织的"管理委员会"成员由原来的选区内附属组织的代表变成由选区内全体个人党员和所属组织的代表构成,其中,个人党员票数占 60%,并采取一人一票制,以减少工会对选区党组织的影响力。1993 年,工党将议会候选人的挑选办法进一步简单化,规定候选人由地方选区党员无记名投票选出,这就扩大了基层民主权力,增强了普通党员在选举中的重要作用,最大限度地调动了党员的积极性。此外,工党还改革了党员登记制度,并且直接邮寄党内公决选票和进行问卷调查,以征求基层党员们的意见。1997 年,工党年会还通过了"权力中的伙伴"项目,规定党的决策允许个人党员、地方支部和其他代表参加,将基层民主制进一步落到了实处。

（二）增加直接民主

英国工党为了满足广大选民直接参与政治决策的愿望，近些年来逐步推广直接民主和半直接民主，对于党的重大问题的决定实行公民表决，即公民可以通过直接投票来批准宪法和法律，决定内外政策、国土变更、国家独立等重大问题，同时对于议会通过的法律或决议，如果公众有异议可以提交公民进行复决。同时，20 世纪 80 年代，英国开始改革党的领袖和议员候选人的产生办法，以实现党的高层领导选举的直接民主制。1981 年，工党采用新的领袖选举制度，规定党的领袖由议会外党组织和议会党团组成的选举团选出，其中，工会代表占 40%，议会党团和选区组织代表各占 30%；1993 年，这个比例又调整为三者各占 1/3。另外，1993 年，工党还取消了集体投票制，改用普通党员的“一人一票制”来选举产生党的主要领导人和国家公职的候选人，使大多数党员在选举党魁和其他国家领导人时都有了发言权。1995 年，布莱尔提议将党章修改问题及其他党内重要问题提交全体党员表决。1997 年，布莱尔还将竞选宣言提交全体党员投票表决，这就使普通党员在党的很多重要问题上有了投票权，党员可以直接参与党的重大事项的决定。同时，在选举过程中，党的领袖们也通过媒体，加强了与选民们的直接对话和交流，直接听取民意，扩大了普通民众对党的政策决策的直接参与，激发了公民政治参与的积极性和热情，提高了公民对工党执政的认同与支持度。

六、在党的组织目标上，淡化社会主义和阶级色彩，以民主、平等和自由观念为主导

工党一直是建立在工人阶级基础上、代表工人阶级利益的社会主义政党，是意识形态色彩浓厚的、具有明确的社会主义目标和鲜明的阶级性的政党。但“冷战”结束之后，一方面，两大阵营的对立消失，基于意识形态意义上的根本性对抗消失，“左”与“右”的分界线越来越模糊，人们广为关注的全球性问题越来越多，党派之间能够坐下来商谈的问题也随之增加。另一方面，随着经济一体化程度的加深，西欧社会进入后工业社会，

选民们的价值观发生了巨大变化，由关注与人们生存相关的经济利益和物质财富再分配问题转向关注与人们发展相关的生态环境、生存质量等问题上，这就需要工党根据变化了的时代改革自身。

工党为求得到更多选民的支持，在组织目标上更加淡化阶级色彩，通过价值观念的更新，突出“人民党”的特征，力求使工党成为一个能够为不同阶层和群体接受的政党。在 1995 年 4 月召开的工党特别代表大会上，工党修改了党章第四条，放弃了实现公有制社会的目标，把社会主义的目标定位为社会公正、充满活力的混合经济、开放的民主社会和健康的环境等，开始放弃社会民主主义原有的目标，放弃了代表工人阶级的利益和社会主义的奋斗目标，以取得选举胜利，推行民主、平等、自由等观念为党的新的奋斗目标，把工党从一个组织工人运动的政党变成一个选举型政党。

同时，资本主义自身的发展也在重塑着社会民主主义：“资本主义成功地改造了社会民主主义，使它从最初的目的在于把工人阶级从资本主义剥削中解放出来的革命性政治运动，逐渐成为融合于资本主义秩序中的一支政治力量。这种融合是这样有效，以至于社会民主主义现在成为自由资本主义社会中的支柱之一。”[①]在这种大的趋势下，工党的政策实践也逐渐淡化政治色彩，更注重解决民众关心的现实问题，如发展经济，增加就业，保护生态环境，改善社会福利和提高人民生活质量等等，力求建立一个更加公开、公正繁荣的社会。

综上所述，随着全球化、信息化时代的到来，英国工党在政党组织体系的变革上提出了许多新的举措，也初步达到了预期目标——工党连续获得大选胜利，得以上台执政，影响力也空前提高。从这个意义上讲，英国工党组织体系的变革是基本成功的。但是我们也应看到，变革后的工党组织体系也存在很多问题，如组织基础的多元化必然造成政党忠诚危机，组织运作的媒体化必定增加选举中的变数，组织结构的扁平化必会使得党的基层组织被边缘化，等等。但是英国工党组织体系的改革是适应

---

① Robert Laderch and Philippe Marliere, *Social Democratic Parties in EU*, 2000.

时代和社会发展的要求而展开的，具有全新的意义，是工党组织自身完善发展的必然要求，是工党为赢得执政地位、推行党的政策方针的现实需要。在今后的执政实践中，工党还会继续改革的步伐，以实现布莱尔所说的工党的伟大使命："我们的使命是为了进步的目的而加以治理，不仅要进行几天的变革，而且要为下一代而建设一个美好的社会。"①

（原载《学校党建与思想教育》2010 年第 2 期）

① 托尼·布莱尔：《我们的使命是为长久的进步而进行治理》，见英国工党网站：http://www.labor.org.uk/.

参考文献

一、著作类

1.《各国社会党重要文件选编》,世界知识出版社 1959 年版。

2.[英]威廉·E·佩特森、阿拉斯泰尔·H·托马斯编:《西欧社会民主党》,林幼琪等译,上海译文出版社 1982 年版。

3. 徐崇温:《民主社会主义评析》,重庆出版社 1995 年版。

4. 曹长盛主编:《民主社会主义模式比较研究》,东北师范大学出版社 1996 年版。

5. 金重远:《战后西欧社会党》,上海人民出版社 1997 年版。

6. 王学东、陈林:《九十年代西欧社会民主主义的变革》,中央编译出版社 1999 年版。

7. 肖枫:《社会主义向何处去——冷战后世界社会主义运动大扫描》(下卷),当代世界出版社 1999 年版。

8. 向文华:《斯堪德纳维亚民主社会主义研究》,中央编译出版社 1999 年版。

9. 王振华、陈志瑞:《挑战与选择——中外学者论“第三条道路”》,社会科学文献出版社 2000 年版。

10.[英]安东尼·吉登斯:《第三条道路——社会民主主义的复兴》,郑戈译,北京大学出版社 2000 年版。

11. 王振华、刘绯主编:《重塑英国:布莱尔与“第三条道路”》,中国社会科学出版社 2000 年版。

12. 杨雪冬、薛晓源:《“第三条道路”与新的理论》,社会科学文献出版社 2000 年版。

13. 陈林、林德山主编:《第三条道路:世纪之交的西方政治变革》,当代世界出版社 2000 年版。

14.[德]托马斯·迈尔:《社会民主主义的转型:走向 21 世纪的社会民主党》,殷叙彝译,北京大学出版社 2001 年版。

15. 陶涛:《西欧社会党与欧洲一体化研究》,北京大学出版社 2001 年版。

16.[德]奥斯卡·拉封丹:《心在左边跳动》,周惠译,社会科学文献出版社 2002 年版。

17.[英]安东尼·吉登斯:《第三条道路及其批评》,孙相东译,中共中央党校出版社 2002 年版。

18.[美]克林顿等:《背叛的政治——第三条道路理论研究》,上海三联书店 2002 年版。

19. 黄佳瑶、陈新来:《当代西方社会思潮述评》,立信会计出版社 2003 年版。

20. 郑伟:《全球化与“第三条道路”》,湖南人民出版社 2003 年版。

21. 谢峰:《英国工党第三条道路研究——兼论西欧社会民主党的革新》,贵州人民出版社 2003 年版。

22. 裘援平、柴尚金、林德山:《当代社会民主主义与“第三条道路”》,当代世界出版社 2004 年版。

23. 顾俊礼:《欧洲政党执政经验研究》,经济管理出版社 2005 年版。

24. 刘成、马约生:《欧洲社会民主主义的缘起与演进》,重庆出版社 2006 年版。

25. 史志钦:《全球化与欧洲社会民主党的转型》,中央编译出版社 2007 年版。

26.[英]斯图亚特·汤普森:《社会民主主义的困境:思想意识、治理与全球化》,贺和风、朱艳圣译,重庆出版社 2008 年版。

27.[德]弗兰茨·瓦尔特:《德国社会民主党:从无产阶级到新中间》,重庆出版社 2008 年版。

28. 周新城:《民主社会主义思潮评析》,社会科学文献出版社 2008 年版。

二、论文类

1. 张世鹏:《欧洲社会民主党的第三条道路》,载《当代世界与社会主义》1999 年第 2 期。

2. 刘东国:《冷战结束后西欧左翼政党的变化特点》,载《当代世界社会主义问题》1999 年第 3 期。

3. 陈尧:《当代世界向民主政治转型的动因与路径》,载《战略与管理》1999 年第 5 期。

4. 郑伊倩:《欧洲社会民主党人的前进道路》,载《中共中央党校学报》2000 年第 3 期。

5. 张耀军:《经济全球化与西欧社会民主党的第三条道路》,载《当代世界社会主义问题》2000 年第 4 期。

6. 王学东:《西欧社会民主主义新变化评析》,载《当代世界社会主义问题》2001 年第 1 期。

7. 王学东:《评德国社会民主党的转型》,载《当代世界社会主义问题》2002 年第 1 期。

8. 张迎红:《英国工党组织体系的现代化》,载《当代世界社会主义问题》2002 年第 3 期。

9. 王长江:《世纪之交欧洲社会党的变革》,载《当代世界与社会主义》2002 年第 3 期。

10. 周穗明、马志良:《全球化的矛盾与“第三条道路”的失败》,载《当代世界社会主义问题》2002 年第 3 期。

11. 罗云力:《从"新中间"走向"中间"——德国社会民主党最新动态研究》,载《当代世界与社会主义》2002 年第 3 期。

12. 张小劲:《关于政党组织嬗变问题的研究:综述与评价》,载《欧洲》2002 年第 4 期。

13. 林德山:《欧洲社会民主党转型中的趋势与问题》,载《欧洲研究》2003 年第 6 期。

14. 龚加成:《西欧社会党党内民主建设发展趋势》,载《中国党政干部论坛》2003 年第 8 期。

15. 陈露:《西欧社会党的组织改革及政党现代化进程》,载《当代世界与社会主义》2004 年第 1 期。

16. 何强:《试析二十世纪八十年代以来德国社会民主党的组织体制变革》,载《当代世界社会主义问题》2004 年第 2 期。

17. 王勇兵:《西方政党变革与转型理论初探》,载《经济社会体制比较》2004 年第 6 期。

18. 何强:《欧洲社会党组织体制变革及其现代化进程》,载《中共福建省委党校学报》2004 年第 7 期。

19. 王存福:《论中产阶级与德国社会民主党的转型》,载《当代世界社会主义问题》2005 年第 4 期。

20. 张富良:《欧洲社会党面临的挑战与回应——格兰贝格教授谈社会党的发展之路》,载《科学社会主义》2005 年第 5 期。

21. 唐海军:《冷战后瑞典社会民主党的新变化》,载《当代世界与社会主义》2005 年第 6 期。

22. 罗云力:《德国社会民主党的传媒党化》,载《当代世界与社会主义》2006 年第 1 期。

23. [德]沃纳·普芬尼希:《政党转型:德国社会民主党的变革》,载《经济社会体制比较》2006 年第 1 期。

24. 向文华:《全球经济一体化对西欧社会民主党的影响与挑战》,载《当代世界社会主义问题》2006 年第 2 期。

25. 郇庆治:《"新中间道路"的终结?》,载《当代世界社会主义问题》2006 年第 2 期。

26. 林德山:《英国新工党的现代化改革简析》,载《欧洲研究》2006 年第 2 期。

27. 徐峰:《当代西方政党组织形态变化述评》,载《欧洲研究》2006 年第 4 期。

28. 高扬:《全球化对西欧社会民主党的挑战》,载《聊城大学学报(社会科学版)》2007 年第 2 期。

29. 冯祥武:《当代德国社会民主党的社会主义基本价值观》,载《广州社会主义学院学报》2007 年第 3 期。

30. 李路曲:《论欧美政党组织形态和权力结构的变迁》,载《政治学研究》2007 年第 4 期。

31. 张永波、谭诚:《西欧社会民主党组织体系演变的当代价值启示》,载《齐齐哈尔大学学报》2007 年第 5 期。

32. 秦德占:《西方发达国家社会党党内民主实践评析》,载《新视野》2007 年第 6 期。

33. 杨勇:《冷战后社会民主党的困惑与发展》,载《学习与探索》2007 年第 6 期。

34. 王瑜:《西方政党选举环境的变迁及其应对措施》,载《中共石家庄市委党校学报》2007 年第 8 期。

35.[德]弗兰茨·瓦尔特:《德国社会民主党转型后面临的挑战》,张文红译,载《国外理论动态》2007 年第 11 期。

36. 李路曲:《欧美民众对政党的冷漠情绪及其原因分析》,载《当代世界社会主义问题》2008 年第 1 期。

37. 中央组织部党建研究所课题组:《全球化信息化背景下国外一些主要政党组织发展趋势研究》,载《当代世界与社会主义》2008 年第 3 期。

38. 中国人民大学马克思主义学院课题组:《全球化信息化背景下西方主要政党组织发展趋势研究》,载《当代世界与社会主义》2008 年第

3 期。

39. 刘玉安:《从民主社会主义到社会民主主义——苏东剧变后西欧社会民主党的战略调整》,载《当代世界社会主义问题》2008 年第 4 期。

40. 蒋锐:《对当代社会民主主义的几点认识》,载《当代世界社会主义问题》2008 年第 4 期。

41. 温敬元:《欧洲社会党拓展社会基础的主要路径与启示》,载《中共福建省委党校学报》2008 年第 5 期。

42. 吴茜:《欧洲社会民主党党风廉政建设的经验与启示》,载《上海党史与党建》2008 年 5 月号。

43. 陈焕文:《德国社会民主党组织运行机制及特点探析》,载《上海党史与党建》2008 年第 7 期。

44. 唐海军、秦得占:《世界社会党的现状与发展趋势探析》,载《当代世界与社会主义》2009 年第 2 期。

45. 张文红:《人民党缘何失去其人民? ——〈汉堡纲领〉之后的德国社会民主党》,载《当代世界与社会主义》2009 年第 4 期。

46. 袁群:《瑞典社会民主党的社会主义观探析》,载《社会主义研究》2009 年第 5 期。

47. [英]蒂莫西·加尔腾·艾西:《金融危机环境下各国社会民主党普遍失败的原因》,殷叙彝译,载《国外理论动态》2009 年第 11 期。

三、博士论文类

1. 王存福:《德国社会结构变迁与社会民主党转型问题研究》,山东大学博士学位论文,2006 年。

2. 何强:《欧洲社会党执政经验研究》,中共中央党校博士学位论文,2003 年。

3. 郑伟:《"第三条道路"价值观批判》,北京师范大学博士学位论文,2004 年。

后 记

经过三年多的艰苦努力，这本《当代欧洲社会民主党的组织变革》终于问世了，也为我三年博士生涯画上了句号，本书的完成不仅仅是我个人努力的结果，更是得益于老师、家人、同学和朋友的大力支持、帮助和鼓励。导师们渊博的学识、严谨的治学精神、高尚的学术情操，家人们无私的付出，同学和朋友们热情的帮助，让我度过了一次次困难时刻。

说实话，带着尚在襁褓中的孩子攻读博士学位，撰写博士论文，直到现在将博士论文整理出版，这其中的艰辛只有我自己清楚，但是付出才有收获，努力才能成功，我努力了，我不后悔！

尽管我已经作了最大的努力，但个人能力有限，书中错误及不当之处仍在所难免，恳请广大同仁不吝指正。

葛　丽

2016 年 6 月 6 日